Voyage

Une édition de ce livre en langue anglaise est disponible
à l'Auberge de la Charme

Conception graphique et mise en page : Corinne Tourrasse

Couvent Sainte-Cécile
37, rue Servan – 38000 Grenoble
www.glenat.com

ISBN : 978-2-344-06503-7
Dépôt légal : octobre 2024

Achevé d'imprimer en octobre 2024 par L.E.G.O. S.P.A.,
sur papier provenant de forêts gérées de manière durable

Certifié PEFC
Ce produit est issu de forêts gérées durablement, de sources recyclées et contrôlées
PEFC/18-31-280
www.pefc-france.org

Voyage

Nicolas Isnard et David Le Comte
à l'Auberge de la Charme

Textes d'Olivia Gurdjian
Photographies de Lucas Gurdjian

Glénat

Préfaces

Les premières rencontres sont souvent décisives et peuvent influencer tout un parcours de vie...
La vie est un voyage, comme nous le dit Nicolas, et avec lui, elle n'est pas toujours un long fleuve tranquille.
Tout jeune, il avait déjà une prédisposition pour bouger, apprendre, se nourrir des autres, se perfectionner, faire de belles rencontres. Il était un électron libre, difficilement maîtrisable, mais adorable et réaliste.
Notre métier est une passion. Avec l'âge, nous nous apercevons que nous cuisinons pour donner de l'émotion, du plaisir, séduire nos amis et nos clients, les faire voyager, leur révéler des produits, des saveurs nouvelles, d'autres horizons. Ensuite, au-delà du fait de les sustenter, se crée un lien affectif...
Nos chemins ne sont pas seulement le résultat de nos choix, de nos erreurs et de nos succès, de nos chutes et de nos joies, et ce n'est pas un hasard si certains convergent... Il en a été ainsi pour Nicolas Isnard et David Le Comte : leurs trajectoires se sont croisées et de leur rencontre sont nées une belle amitié et une remarquable réussite collective.
Merci à tous les deux de nous donner l'envie de voyager et de découvrir leur monde magnifique de saveurs et de goûts nouveaux.

Serge CHENET
Entre Vigne et Garrigue
1 étoile au *Guide Michelin*
Pujaut (Gard)

J'avais créé un concours de cuisine régional. « Nez au vent », Nicolas, avec un vol-au-vent, l'avait remporté haut la main. C'était notre première rencontre.
Les semaines et les mois qui suivirent, Nicolas, plein de détermination, m'écrivit et me téléphona, non sans insistance.
« Chef, je veux venir travailler à vos côtés », me répétait-il.
Il ne lâcha pas l'affaire, jusqu'à ce que je l'engage comme chef de partie quelque temps plus tard, au départ de mon second.
J'ai bien senti qu'il n'avait qu'une idée en tête : devenir mon adjoint.
Je lui ai donc fait ce plaisir, qu'il avait d'ailleurs mérité, et notre une union fut parfois houleuse, mais tellement complice !
Il m'appelait « papa ».
Je me souviens de nous deux, chacun d'un côté du fourneau, un bandeau de tennis en éponge sur le front, un autre sur le poignet. On n'avait pas besoin de se parler : un coup d'œil, un geste, on se comprenait ; on n'avait peur de rien, on pensait cuisine, on transpirait cuisine, on allait au charbon.
Aujourd'hui installé en Bourgogne, Nicolas, chef de cuisine, s'inspire des produits du terroir en les alliant à ses découvertes et ses ouvertures sur le plus grand des jardins, celui du monde !
Je suis fier de notre relation, de ta réussite, mais aussi de ce que vous avez construit avec David Le Comte et Cécile Sagory. Votre rencontre, c'est Fontjoncouse, une équipe, notre équipe qui est aujourd'hui la vôtre dans une autre région... C'est aussi ça le partage et la transmission !
Cher Nicolas, c'est bien plus que des histoires de casseroles qui donnait du souffle à notre relation parfois tumultueuse, comme ton caractère. Bien plus qu'une amitié, nous avons en commun cette sensibilité exacerbée qui nous anime, qui nous prend aux tripes et que l'on retrouve dans tes assiettes aujourd'hui.
Je suis convaincu que ce livre de cuisine est une véritable histoire d'amour. Celle qui rassemble les hommes autour d'une table pour une invitation au voyage.
Alors, chers amis lecteurs, accrochez vos ceintures !
Nicolas, je t'aime moi non plus ! C'est notre histoire.

Ton chef, Gilles Goujon

L'Auberge du Vieux Puits
3 étoiles au *Guide Michelin*
Fontjoncouse (Aude)

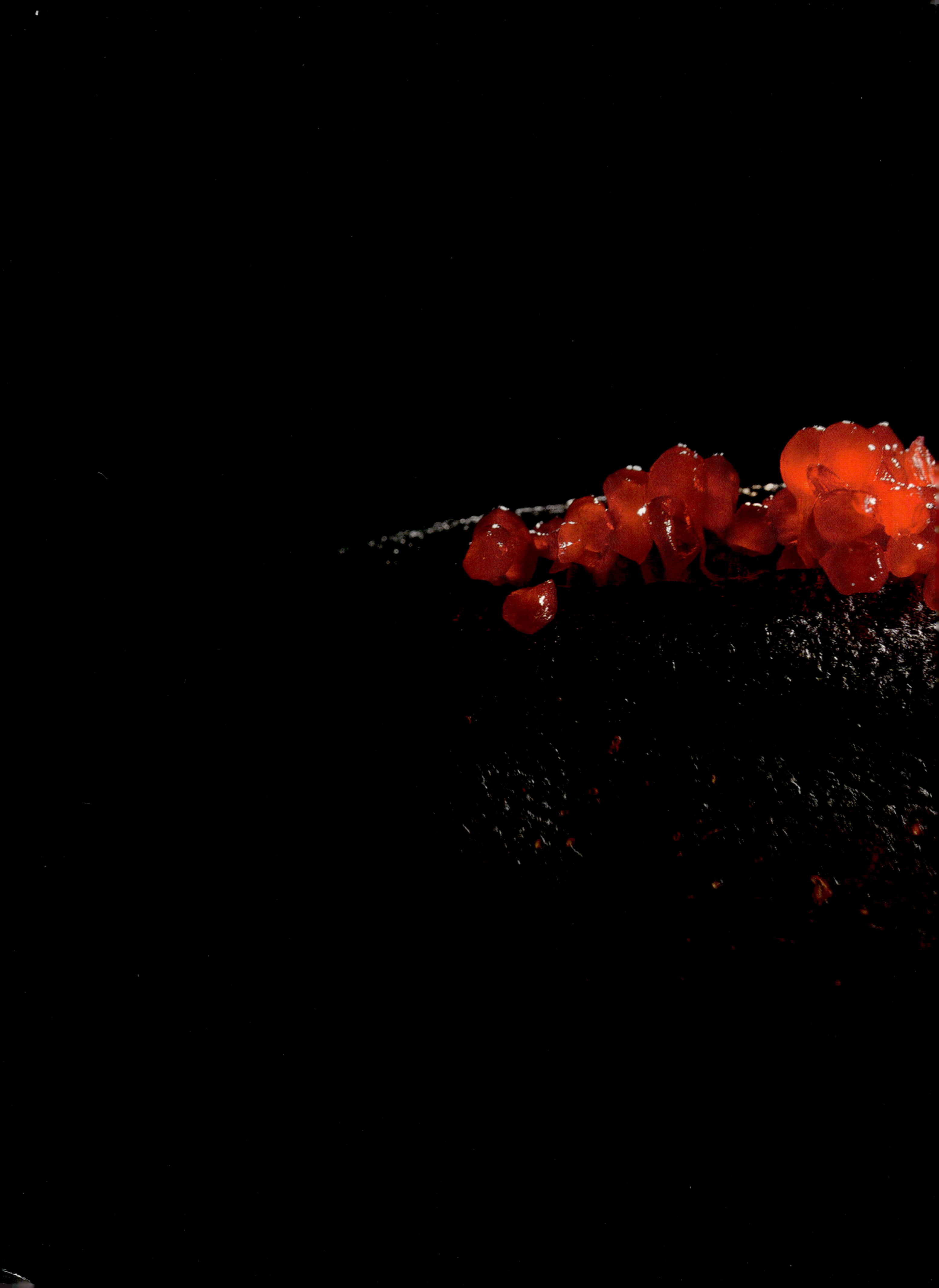

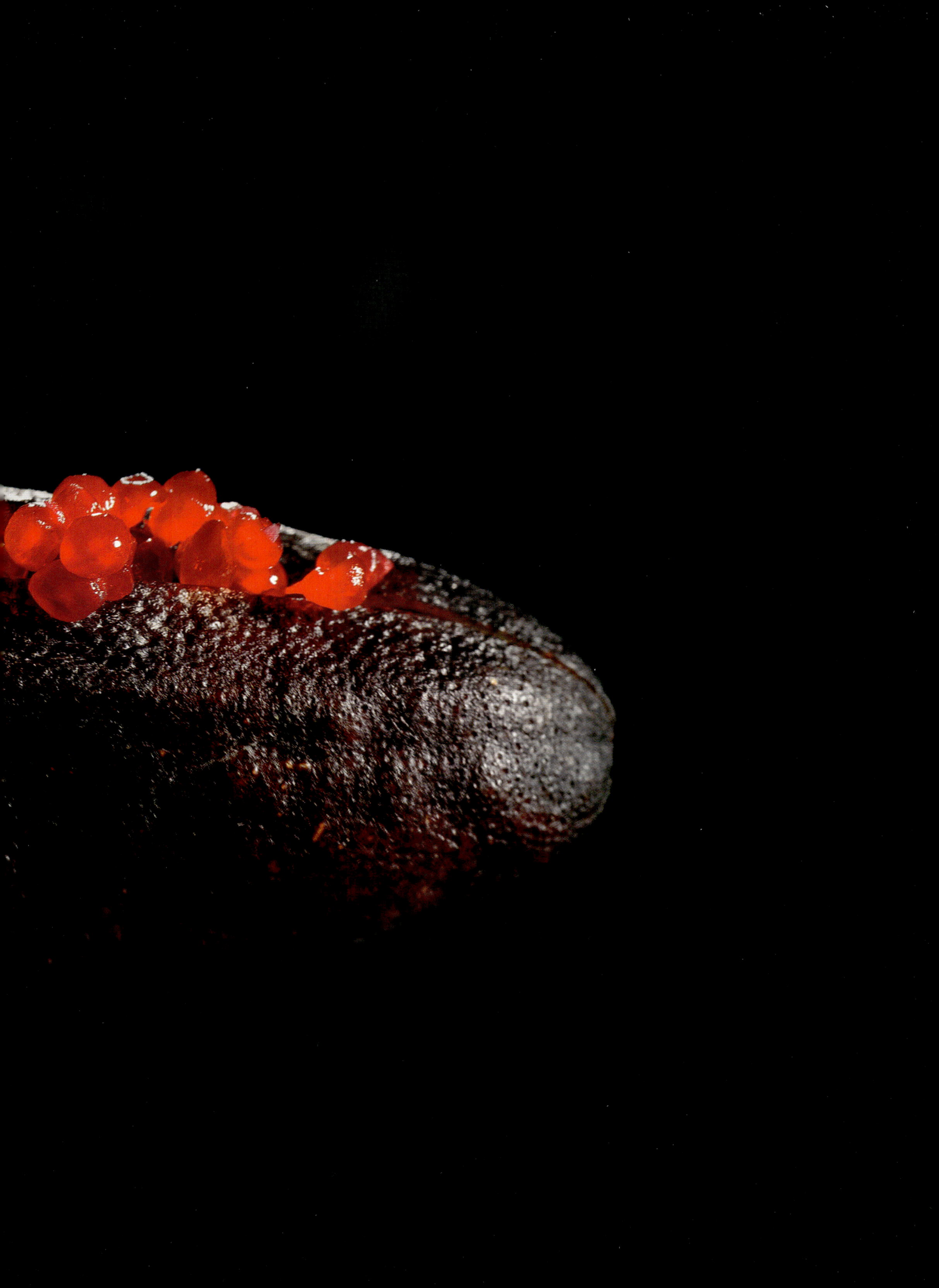

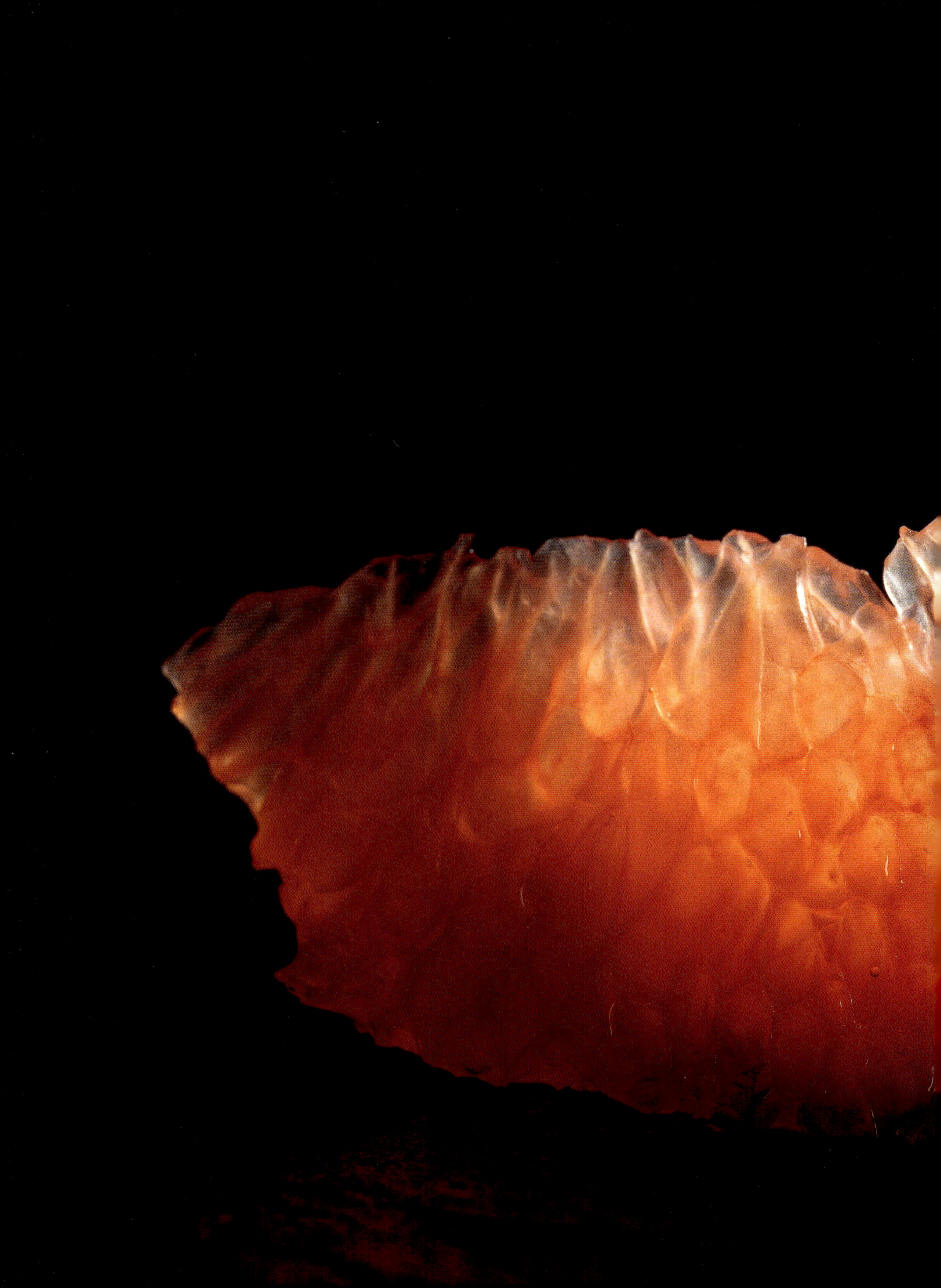

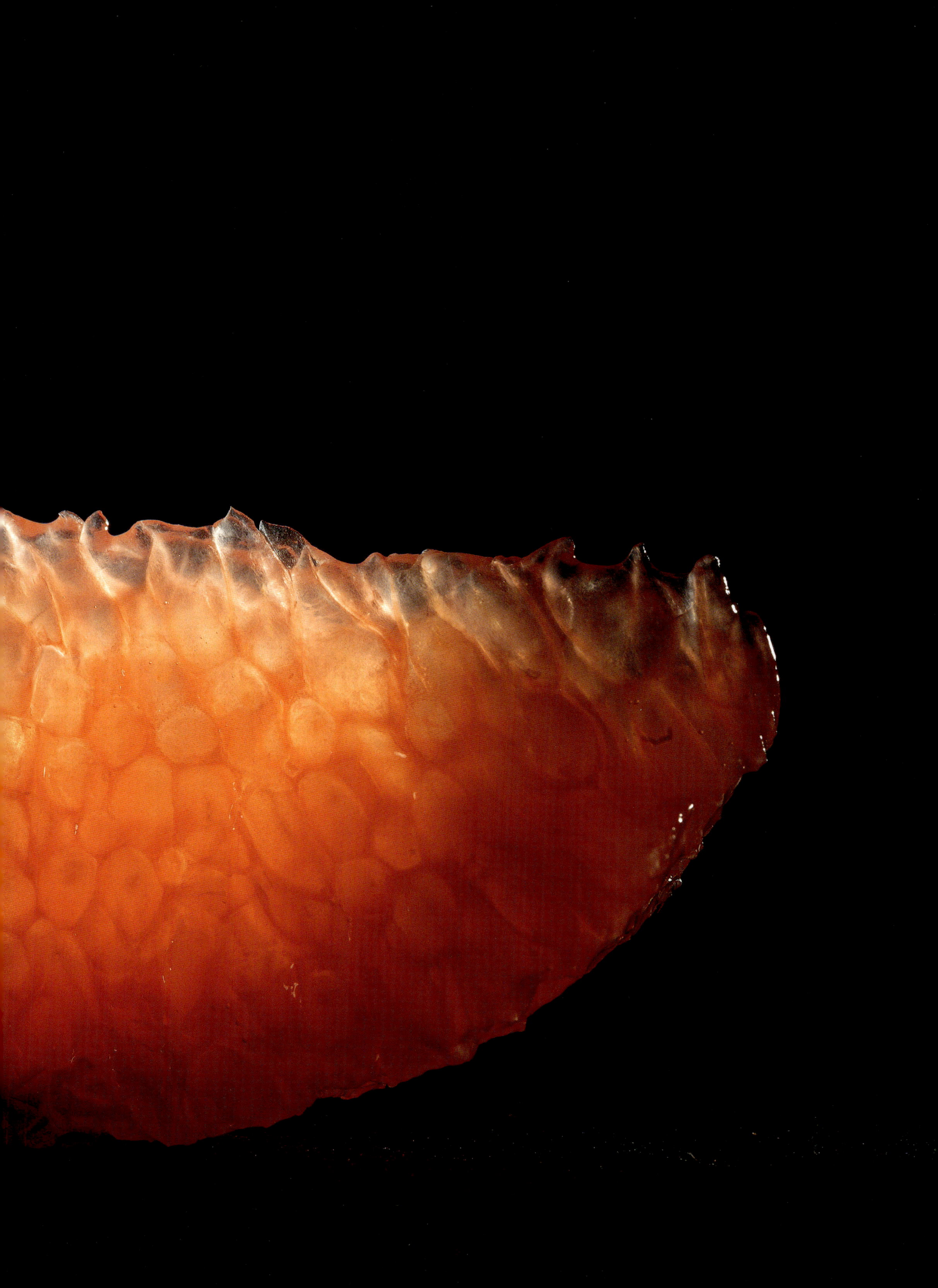

STURIA
STURIA

« ATTACHEZ VOS CEINTURES, ON S'OCCUPE DU RESTE. »

Le voyage, dans la cuisine comme dans la vie de **Nicolas Isnard**, est là depuis le début. Il est la genèse de tout, l'impulsion de départ, presque même avant la gastronomie. Dès l'école hôtelière, quand on lui demande pourquoi il choisit cette voie, il répond : « Pour voyager ! »

En préambule à la vie nomade qu'il va s'inventer, il y a le métissage des saveurs de son enfance : italiennes du côté paternel et françaises du côté maternel, mais pareillement méridionales. Les fumets de la polenta et des gnocchis dansent avec ceux du gigot du dimanche et des pommes sautées à l'ail et au thym. L'exploration des assemblages de goûts et des combinaisons d'influences culturelles démarre dans la cuisine familiale où déjà les ingrédients naviguent.

La première migration géographique de Nicolas Isnard le conduit auprès de Serge Chenet, chef étoilé et l'un des Meilleurs Ouvriers de France, au Prieuré de Villeneuve-lès-Avignon.

Son service militaire l'envoie ensuite à Paris où il travaille à Matignon. Là, tout en officiant sous les drapeaux le jour, il est le soir extra au Crillon et au Plaza Athénée***. Il poursuit ensuite son périple à travers la galaxie étoilée. Ce sera d'abord la Suisse, la chic station de ski de Crans Montana, au restaurant L'Ours de Franck Reynaud*, puis la Dordogne, au Vieux Logis, chez le chef MOF Vincent Arnould*, et enfin Lyon, chez Philippe Gauvreau** à la Rotonde.

Ce voyage initiatique se clôture en 2003 par un séjour décisif dans l'Aude, à l'Auberge du Vieux Puits où Nicolas Isnard est engagé comme sous-chef par Gilles Goujon, alors doublement étoilé et l'un des Meilleurs Ouvriers de France.

Dès 2004, Nicolas passe chef de cuisine adjoint. Il a retrouvé à Fontjoncouse la philosophie du produit, chère à Serge Chenet. Gilles Goujon lui permet aussi de développer sa technicité, sa créativité, et lui inculque l'importance du terroir.

Grâce aux escales essentielles aux côtés de Serge Chenet, le père spirituel, et de Gilles Goujon, le maître qui permettra l'envol, le jeune cuisinier a donc mené une première exploration dans les maisons étoilées. Il en a rapporté un bagage technique appréciable et, à l'Auberge du Vieux Puits, il a surtout fait deux rencontres déterminantes : celles de Cécile Sagory et de David Le Comte.

Fort de cette expérience diversifiée et de collaborations qui, pour certaines, « l'ont marqué au fer rouge », Nicolas se prépare à poursuivre son odyssée personnelle. Il envisage l'ouverture de son propre restaurant et cherche à définir son identité culinaire. Il a la conviction qu'il faut coller à un terroir et le représenter, avec fierté, dans sa cuisine.

Alors, quand il arrive en Bourgogne, en compagnie de Cécile Sagory et David Le Comte, il commence par s'imprégner du patrimoine de la région et joue la carte des produits locaux et des plats de tradition – pain d'épices, cassis, anis de Flavigny, asperges de Ruffey, charolais, lapin à la moutarde de Dijon, bœuf bourguignon, œufs en meurette... – qu'il revisite avec créativité. La Méditerranée semble loin... Pourtant Nicolas Isnard et David Le Comte appréhendent leur terre d'adoption en intégrant dans leurs recettes des produits de la mer dont ils ne sauraient se passer.

La cuisine de l'Auberge de la Charme chemine ainsi entre ces deux caractères, bourguignon et méditerranéen, et interprète de façon originale ces deux répertoires tout en restant bien ancrée dans la gastronomie française.

Nicolas Isnard voyage déjà beaucoup. Il rapporte de ses pérégrinations des produits, des saveurs, des épices, des condiments, des techniques qu'il fait découvrir à son équipe, sans pour autant les intégrer à sa cuisine. Pas encore.

Arrive 2020. Le Covid met le monde en arrêt. Le mode de vie du chef globe-trotteur change radicalement, et ce changement déclenche une réflexion autour de l'identité culinaire de la cuisine de l'Auberge de la Charme. Le confinement révèle un manque crucial chez Nicolas : celui des goûts d'ailleurs, de cette cuisine du monde, avec son incroyable *street food*, qui nourrissent sa passion.

Parce qu'il en est privé, Nicolas Isnard réalise à quel point il chérit les mets étrangers dont ses nombreux voyages lui offrent la diversité. L'envie s'impose à lui d'en additionner et d'en mélanger les apports pour créer l'alchimie qui sera sa signature.

Et ce terroir qu'il a longuement cherché se dessine alors avec précision : ce n'est pas celui d'une région ou d'un pays, mais bel et bien un terroir du monde que ses assiettes racontent.

Ainsi les barrières sautent et tout devient limpide : le voyage est l'essence même de sa cuisine. Il est ce pilier autour duquel tout s'articule. Il est question non seulement des voyages de Nicolas Isnard, mais aussi de celui auquel ses convives sont conviés, celui des produits mis en valeur par ses recettes, et celui des collaborateurs de l'Auberge de la Charme, souvent venus d'ailleurs.

Le voyage va de pair avec le mouvement. Nicolas Isnard ne cesse de bouger, dans une effervescence contagieuse. Le menu de l'Auberge de la Charme ne cesse d'évoluer et de changer. Et le chef envoie régulièrement ses équipes aux quatre coins du monde.

Le voyage, dans sa définition littéraire, est synonyme d'exploration, de découverte. Il est la description d'une progression, la narration d'un parcours. C'est exactement cette définition du voyage qui anime Nicolas Isnard et qui infuse dans sa cuisine.

Afin de permettre la réalisation de ce livre et de mettre en évidence la trajectoire dessinée par David Le Comte, Cécile Sagory et lui-même depuis la création de l'Auberge de la Charme, Nicolas Isnard a consenti à faire une pause. Elle est le phare et l'ancrage de cette vie de voyages.

De l'Alsace, où il naît et qu'il quitte tôt, **David Le Comte** se souvient des grands fours à bois d'où l'on sortait de belles flammeküche qu'il continue de présenter comme « une recette simple, mais extraordinaire quand elle est bien réalisée ». Les premières réminiscences d'enfance sont intimement liées à la cuisine, aux saveurs, des « madeleines » qui ont composé l'imaginaire gustatif de David. Il y a le souvenir de sa mère occupée à préparer des plats réconfortants : de la blanquette de veau, du pot-au-feu. Elle lui transmet ainsi l'envie d'apporter du bonheur et de la chaleur. Elle lui montre que la nourriture et son partage sont une expression de l'amour.

La famille Le Comte s'installe à Montélimar lorsque David a 6 ans. L'école hôtelière de Tain-l'Hermitage n'est pas loin ; il y passe son CAP de cuisinier. De la Drôme il passe aux Bouches-du-Rhône pour commencer à travailler en tant que stagiaire au Vallon de Valrugues, à Saint-Rémy-de-Provence.

Il y restera six années, avant de pousser plus au sud pour rejoindre l'Aude et l'Auberge du Vieux Puits de Gilles Goujon où sont également employés Nicolas Isnard et Cécile Sagory.

La rencontre est décisive pour les trois puisque, quelques années plus tard, leur collaboration à l'Auberge de la Charme et au sein de Charme Collection atteste toujours de la force du lien qui les unit.

David Le Comte apprend les bases et les techniques chez Gilles Goujon, un chef au tempérament fort, mais capable de fédérer et de faire grandir ceux qui l'entourent. De l'expérience vécue à ses côtés naît l'envie de mettre en œuvre cette philosophie à leur manière. David reste à Fontjoncouse un an de plus que Nicolas et Cécile, avant de rejoindre le couple au château de Curzay.
Tous trois font alors partie du collectif Génération C. David Zudas appartient à ce même groupe de chefs unis par une même vision de la restauration. Il désire vendre son établissement : l'Auberge de la Charme qui, précise-t-il « porte bien son nom ».

Lorsque, en 2008, Nicolas Isnard et David Le Comte ouvrent « leur » Auberge de la Charme, ils sont tous deux aux fourneaux. Puis, rapidement, la maison étend son activité et David Le Comte prend en charge le traiteur Kook'in.
David absorbe et digère toutes les inspirations que Nicolas rapporte de ses voyages. La fusion se produit d'abord entre leurs deux natures, leurs deux talents, avant de rayonner dans leurs plats. Nicolas imagine le fil conducteur de la recette, donne l'impulsion créative, et David va l'interpréter pour en tirer le meilleur parti dans leurs établissements (le traiteur, les bistrots, etc.).

Leur relation, que Nicolas Isnard décrit comme celle « d'un vieux couple », s'est ancrée au fil des ans, dans un rapport sincère et fort. La répartition des tâches s'est opérée de façon naturelle. David est très organisé ; même s'il n'a pas choisi, comme le reste de sa fratrie d'exercer un métier d'arme, à la suite de son père, il s'est dirigé vers une profession à la hiérarchie quasi militaire. Il s'y épanouit en mettant en place l'organisation exemplaire qui, selon lui, est indispensable au bon fonctionnement d'une cuisine.

Pour David, il est impératif que tout soit impeccable à tous les services, sans jamais perdre de vue la notion de plaisir ni l'envie de partager.

Tandis que Nicolas Isnard incarne le lien avec le vaste monde, David Le Comte s'est davantage ancré dans ce terroir bourguignon qui l'a séduit. S'il partage avec Nicolas la quête insatiable de nouveaux goûts et d'associations exotiques susceptibles de réveiller les papilles, David s'enthousiasme tout autant pour les variations infinies que peut offrir un œuf ou pour la dégustation d'un bon pain.

Cuisinier hors pair, au tempérament calme et posé, il structure avec passion le voyage gustatif et sensoriel que propose l'Auberge de la Charme, offrant une expérience culinaire inoubliable à ses clients.

Cécile Sagory naît les pieds dans l'eau et les mains dans la terre. Fille d'agriculteurs bretons, elle fait partie de ceux qui connaissent les produits et la nature de façon quasiment innée, parce que chez elle, on mangeait les légumes du jardin, les fruits du verger et les animaux qu'on élevait. Elle quitte la ferme familiale pour entrer au lycée hôtelier Notre-Dame à Saint-Méen-le-Grand, où elle obtient un CAP et un BEP de cuisine, puis c'est en pâtisserie qu'elle effectue son année d'alternance.

Elle démarre la vie active à Saint-Malo, avant de s'en aller à Joigny, chez Jean-Michel Lorain auréolé de trois étoiles par le *Guide Michelin* à la Côte-Saint-Jacques. Elle intègre ensuite la brigade de Thierry Marx** au Château Cordeillan-Bages, dans le Médoc, et rejoint enfin l'Auberge du Vieux Puits de Gilles Goujon**.

Cécile en est convaincue : ce chef emblématique a forcément insufflé une âme particulière à son lieu pour qu'il ait été le théâtre de sa rencontre avec Nicolas Isnard et David Le Comte et le ferment qui fera naître l'Auberge de la Charme.

Au cœur des Corbières, chez Gilles Goujon, la fille de la campagne, retrouve beaucoup de repères de son enfance et de la vie paysanne où la saisonnalité est respectée et célébrée, le produit travaillé de A à Z, où rien n'est gâché, où le rythme est rude et les congés rares. L'apprentissage, complet et formateur, se fait dans un climat familial et bienveillant où les liens se tissent et tiennent la route. Une expérience que Cécile qualifie de précieuse et qui lui servira de référence lorsqu'elle-même s'appliquera à donner un esprit à l'Auberge de la Charme.

Le trio que Nicolas, David et elle forment les autorise à évoluer à la fois ensemble et indépendamment les uns des autres, dans une dynamique constante.

En 2013, Cécile a envie d'être davantage en contact avec les clients et de parler des produits qu'elle connaît si bien : elle passe alors en salle, décide en parallèle de gérer la cave et entame un nouvel apprentissage. Au sein même de l'Auberge de la Charme, elle aura assuré à peu près tous les métiers, de cheffe pâtissière à cheffe comptable, sans oublier la mise en place du traiteur...

Épicurienne, elle reçoit les clients à l'Auberge comme si elle les accueillait chez elle, pour partager son amour des bonnes choses. Son fonctionnement résonne à la perfection avec le menu Carte blanche du chef qui est proposé à l'Auberge de la Charme où l'on choisit pour vous. Ici, « on est à la maison » : l'essentiel n'est pas dans les apparences, au contraire, tout se joue dans les sensations et les émotions.

L'engagement et le savoir-faire de Cécile, notamment à travers la carte des vins, ajoutent une dimension supplémentaire au voyage gustatif offert par l'Auberge de la Charme.

À L'AUBERGE DE LA CHARME

Nicolas Isnard, David Le Comte et Cécile Sagory se rencontrent en 2004 chez Gilles Goujon. Deux ans plus tard, Nicolas et Cécile rejoignent le château de Curzay, en Poitou-Charentes. Nicolas officie comme chef l'été, tandis qu'il travaille en Suisse l'hiver, au chalet d'Adrien à Verbier. Cécile est cheffe pâtissière. Après un an, une étoile récompense la table de la Vienne. David Le Comte rejoint le couple. Une dynamique porteuse de projets se dessine.

Un hiver, alors qu'ils sont de passage à Dijon, Nicolas et Cécile, sont contactés par David Zudas, chef étoilé de l'Auberge de la Charme depuis 1994. Il veut vendre, mais pas à n'importe qui ni n'importe comment. La convergence est trop parfaite pour ne pas y voir un signe.

Le temps que David Le Comte les rejoignent, ensemble ils se rendent à Prenois. Il neige et le froid est vif, mais chacun perçoit immédiatement l'atmosphère chaleureuse et avenante du lieu.

Cécile a aussitôt senti l'âme de la bâtisse, l'histoire que racontent ses murs et tous les souvenirs que les clients continueront de faire vivre quand ils leur seront racontés. C'est une évidence : ce lieu est celui qu'ils appelaient de leurs vœux.

Six mois après ce déjeuner hivernal, le 6 juin 2008, les amis ouvrent « leur » Auberge de la Charme avec « leur savoir-faire et leurs couteaux ». Malgré le démarrage difficile provoqué par la crise financière de 2008, ils décrochent une étoile au *Guide Michelin* en 2009.

En 2010, ils démarrent une activité de traiteur avec Kook'in, puis ouvrent Le Bistrot des Halles, au cœur de Dijon, en 2012, et enfin Le Bistrot de Norges, en 2020, au sein du Country Club du golf de Dijon.

Pendant la pandémie de Covid, Nicolas Isnard et David Le Comte ont refusé de stopper leur activité et de ne plus faire travailler leurs équipes. C'est ainsi qu'ils ont créé les Food Charme, hommage aux *food trucks* que Nicolas aime tant fréquenter lors de ses voyages.

Chacun des lieux possède son mode de fonctionnement propre, mais l'ADN « voyageuse » est le fil conducteur des quatre structures de La Charme Collection.

Cette activité s'étend d'ailleurs au-delà des frontières. D'abord en Thaïlande, à Chiang Mai, où Nicolas Isnard a orchestré les cuisines du restaurant Oxygen de 2017 à 2020. Les allers-retours entre la cuisine de l'Auberge de la Charme et celle d'Oxygen ont déterminé l'identité gourmande, innovante et métissée de sa cuisine.

L'appétence de Nicolas pour l'acidité, qui signe la majeure partie de ses recettes, n'a fait que se confirmer. Au point que ses équipiers le surnomment « Nicolime » !

Cette acidité signature est apportée par les agrumes d'Asie (citrons de calamansi et citrons verts de Thaïlande), mais aussi ceux du Maroc (les petits Beldi et les citrons confits au sel) où Nicolas Isnard se rend régulièrement pour faire son marché et déguster des brochettes sur le bord de la route, à l'ombre des oliviers. Cette acidité qui, explique David Le Comte, « éveille les saveurs et évite le ronronnement des recettes, qui vous fait sortir de votre zone de confort et vous fait voir du pays ! ».

Depuis 2023, Nicolas Isnard et son équipe s'occupent du restaurant de l'hôtel Fairmont à Riyad. En 2024, ils ont pris les rênes du Bord'Eau, le restaurant de l'hôtel Shangri-La d'Abou Dabi. L'influence du Moyen-Orient, déjà très présente dans la cuisine de l'Auberge de la Charme, n'en a été que confirmée. Les épices, comme le cumin, les clous de girofle ou la cannelle, ainsi que la *street food* orientale, avec le shawarma et les brochettes, constituent un réservoir intarissable d'idées et d'inspirations que Nicolas Isnard et David Le Comte distillent dans les recettes de l'Auberge de la Charme, mais aussi dans celles du Bistrot des Halles et du Bistrot de Norges.

Le voyage et la connexion constante que les chefs de l'Auberge de la Charme entretiennent avec d'autres pays et d'autres cuisines leur offrent de nombreuses opportunités pour explorer de nouveaux goûts, pour enrichir leur palette aromatique et envisager des techniques renouvelées.

Le menu Carte Blanche proposé à l'Auberge de la Charme est une invitation à prendre part à ce voyage perpétuel, en se laissant guider. « S'émanciper de ce qu'on connaît et ne rien anticiper : c'est à ce moment-là que les plus belles émotions vous submergent », assure Cécile Sagory qui a été témoin à plusieurs reprises du ravissement de ses convives.

Présenté comme une carte d'embarquement, ce menu emmène les clients autour du monde, tout en composant avec les produits de saison et les propositions des fournisseurs de la maison. La vocation même d'une auberge, n'est-elle pas, historiquement, de servir ce qui est disponible.

Nicolas Isnard, David Le Comte et Cécile Sagory contribuent à cette exploration culinaire, avec leurs compétences et leurs talents respectifs. L'Auberge de la Charme se distingue par la belle ambivalence qu'ils ont voulue ensemble : son ancrage local est équilibré par les voyages auxquels elle invite. Loin d'être une entrave, ces racines apparaissent comme un point de départ et de retour indispensable.

CHARME

STURIA
STURIA
CAVIAR

STURIA
caviar français
STURIA
CAVIAR

LA TERRE

LES AMUSE-BOUCHE « VOYAGE EN ASIE »

Japon, Vietnam, Thaïlande, Chine

L'Auberge de la Charme accueille les convives avec des mises en bouche auxquelles le plus grand soin est apporté. En été, elles font honneur aux produits et à la cuisine de la Méditerranée. L'hiver, Nicolas Isnard et son équipe ont eu envie d'offrir à leurs clients un grand tour de « leur » Asie, celle qu'ils sillonnent depuis des années, où ils font leur marché et dont ils s'inspirent pour élaborer grand nombre de leurs recettes.
Faisons démarrer le voyage en Thaïlande, pays que Nicolas Isnard décrit comme sa « deuxième maison », avec un grand classique : le bouillon tom yam, interprété en espuma à la manière pesto délicatement posé sur une tartelette. Le curry vert vous plonge instantanément dans l'effervescence des rues de Bangkok.
L'étape suivante passe par le Vietnam, autre destination de prédilection de Nicolas Isnard. Il s'agit d'une chips de tapioca, colorée à l'encre de seiche et trempée dans une vinaigrette typique : sauce soja, vinaigre de riz noir, jus de calamansi et jus de citron vert, agrémentés de champignons shimejis, marinés dans l'huile de cacahuète grillée.
Pour l'escale au Japon, Nicolas Isnard propose un sushi qui n'en est pas un, mais en emprunte les composantes... Rond, chaud et frit, il se croque et révèle alors le riz vinaigré, les algues et le wasabi. Surprenant snack qui n'a du sushi que l'essentiel : le goût.
Le tour de l'Asie se termine en Chine avec une touche sucrée. Si les autres snacks se savourent sans ordre établi, le serveur conseille de déguster celui-ci en dernier, pour profiter de l'explosion en bouche de ses saveurs de litchi et de sésame pané.

Pour 4 personnes

« LE JAPON »
CROMESQUIS D'UN SUSHI

Farce

⅙ de feuille de nori
40 g de riz à sushi
Vinaigre de riz à sushi

Faire tremper la feuille de nori dans le vinaigre de riz jusqu'à complet ramollissement, puis mixer au blender et passer la pâte obtenue au tamis fin.
Rincer le riz à sushi afin d'enlever les impuretés.
Cuire le riz lavé dans l'eau bouillante, puis l'égoutter et l'assaisonner, à chaud, de la pâte de nori et de vinaigre de riz.
Mouler le riz cuit et assaisonné dans des moules à cromesquis en silicone. Laisser refroidir, puis faire prendre au congélateur.

Gel

20 ml de lait de soja
Wasabi en pâte
Sel fin
½ pointe de couteau (0,2 g) d'agar-agar

Porter les ingrédients à ébullition dans une casserole. Laisser refroidir. Faire prendre la gelée au frais, puis la mixer au blender et la passer au tamis fin.

Friture

20 g de chapelure panko
1 jaune d'œuf
Farine
Huile de friture

Paner les cromesquis à l'anglaise avec la chapelure : les passer d'abord dans la farine, puis dans l'œuf battu et enfin dans la chapelure panko.
Frire les cromesquis à 180 °C à la friteuse et les égoutter sur un papier absorbant. Les assaisonner de sel fin à chaud.
Pocher un point de gel sur le dessus du cromesquis au moment de servir.

Décoration

Feuilles de nori

Tailler des petits carrés de feuille de nori et en placer un sur le point de gel.

« LE VIETNAM » BLACK CRISP

Chips

40 g de tapioca
Sel fin
Encre de seiche

Cuire le tapioca à l'eau bouillante légèrement salée pendant une dizaine de minutes (il doit être très cuit), l'assaisonner et le mélanger avec de l'encre de seiche.
Étaler le tapioca noir entre 2 feuilles de papier cuisson et le mettre à déshydrater au four à 60 °C pendant 48 heures. Casser les chips à la main.
Frire les chips de tapioca à la friteuse afin qu'elles gonflent. Assaisonner de sel fin à chaud.

Shimejis marinés

4 shimejis blancs (champignons japonais)
Huile de cacahuète grillée
Vinaigre de riz noir

Essuyer les shimejis et en couper la base. Les faire mariner au moins 48 heures dans le mélange huile et vinaigre.

Gel

20 ml de sauce soja salée
20 ml de sauce soja sucrée
20 ml de vinaigre de calamansi
4 ml de jus de citron vert
1 grosse pointe de couteau (0,6 g) d'agar-agar

Porter les ingrédients à ébullition. Laisser refroidir. Faire prendre la gelée au frais, la mixer au blender, puis la passer au tamis fin.

Purée d'ail noir

10 g de pâte d'ail noir

Mélanger la pâte d'ail noir avec un peu d'eau pour la détendre, puis la mettre en pipette ou en poche à douille.

Dressage

À l'aide d'une poche à douille, déposer quelques points de gel sur la chips soufflée. Pocher un point de purée d'ail noir, puis placer par-dessus un shimeji mariné.

Pour 4 personnes

« LA THAÏLANDE »
COMME UN TOM YAM CROUSTILLANT

Tartelette

4 feuilles de pâte à ravioles chinoise

Découper les ravioles à l'aide d'un emporte-pièce de 3 cm Ø. Les placer entre deux moules à tartelette (en laissant dépasser le bord de la pâte) à 180 °C pendant environ 15 secondes.

Espuma

80 g d'huile de sésame grillé
1 oignon
5 gousses d'ail
4 bâtons de citronnelle
2 c. à s. de purée de gingembre frais
100 ml de vinaigre de calamansi
50 ml de jus de citron
1 l de lait de coco
2 bottes de coriandre fraîche
1 botte de menthe fraîche
Sel fin
6 g d'agar-agar
1 petite goutte de colorant alimentaire vert

Dans une casserole avec de l'huile de sésame grillé, faire suer l'oignon, l'ail, la citronnelle et le gingembre, sans coloration.
Déglacer avec le vinaigre et le jus de citron, puis mouiller au lait de coco, porter à ébullition.
Retirer du feu et faire infuser 5 minutes les herbes fraîches.
Mixer au blender et passer au tamis fin.
Porter cette sauce à ébullition avec l'agar-agar et le colorant alimentaire. Laisser refroidir, puis faire prendre au frais.
« Casser » la gelée au fouet et mettre en siphon avec 2 cartouches de gaz.

Gel

(Pour 40 portions)
2 bottes de coriandre fraîche
1 morceau de sucre de canne (en bloc)
1 c. à s. de purée de gingembre frais
4 citrons verts (peau + jus)
Sel fin
200 ml d'eau
4 g d'agar-agar
1 petite goutte de colorant alimentaire vert

Mixer tous les ingrédients au blender, puis porter à ébullition (ajouter du colorant si besoin).
Laisser refroidir et faire prendre au frais.
Mixer la gelée au blender (ajouter un peu d'eau si besoin), puis passer au tamis fin.

Décoration

Poudre de citron noir
Pousses de shiso
Feuilles de coriandre

« LA CHINE »
NOUGAT CHINOIS

Nougat

50 g de litchis au sirop (litchis + sirop)
1 grosse pointe de couteau (0,65 g) de mélange
5 baies concassées
43 g d'eau
2,6 g de poudre de gelée végétale (Sosa)

Mixer au blender les litchis, le sirop et les 5 baies, puis passer au tamis fin.
Verser le liquide en moule demi-sphères et faire prendre au congélateur.
Démouler et piquer un cure-dent au centre.
Faire bouillir l'eau et la poudre, puis laisser reposer 3 à 4 minutes.
Tremper 2 à 3 fois les demi-sphères congelées dans la gelée, puis les placer sur du papier cuisson et laisser décongeler à l'air libre.
Servir sur une cuillère chinoise.

Panure

Graines de sésame toastées

Saupoudrer les capsules avec le sésame.

LES AMUSE-BOUCHE « AUTOUR DE LA MÉDITERRANÉE »

Maroc, Italie, Grèce, Espagne

« À vrai dire, ce sont plutôt des snacks ! Avec des amuse-bouche, on décolle, mais avec ces snacks, on est déjà en altitude, on atteint doucement la vitesse de croisière. » Voilà comment Nicolas Isnard décrit les bouchées avec lesquelles ses clients entament le voyage gustatif proposé à l'Auberge de la Charme.

Le bassin méditerranéen est le berceau de l'identité culinaire de Nicolas Isnard comme de David Le Comte. Ils y ont grandi et le conservent en toile de fond de leur cuisine. Les mises en bouche de l'Auberge de la Charme se promènent ainsi d'Espagne, en Italie, en passant par la Grèce et le Maroc.

Ces snacks s'amusent avec les classiques, avec la fraîcheur comme dénominateur commun, pour préparer le palais à la suite de la dégustation.

La paella est travaillée avec des jeux de texture et de volume, autour d'une chips de paella et des cubes de chorizo au goût safrané.

Une bille de concombre, façon tzatzíki, associe feta et olives de Kalamata, de chez Alexis Munoz, avec de l'oignon rouge en pickles pour une pointe d'acidité.

Pour l'Italie, l'impulsion vient de l'artichaut, légume hivernal que Nicolas Isnard travaille avec de la truffe et du parmesan, un trio de produits éprouvé.

On fait enfin escale place Jemaâ El Fna, à Marrakech, et l'on surprend le convive avec un accord agrume-menthe sous forme de tartelette accueillant une rillette de maquereau, travaillée avec du fromage blanc, du cumin et de la coriandre.

Pour 4 personnes

« LE MAROC »
TARTELETTE AU MAQUEREAU ET AGRUMES

Fond de tartelette

3 feuilles de pâte filo
Jaune d'œuf
Huile neutre

À l'aide d'un pinceau, badigeonner une première feuille de filo de jaune d'œuf. Surmonter d'une deuxième feuille, puis répéter le processus. Ajouter la troisième feuille de pâte et la badigeonner d'huile. Tailler à l'aide d'un emporte-pièce de 3 cm Ø et placer entre 2 moules à tartelette. Compresser les moules entre deux plaques et ajouter des poids par-dessus. Enfourner 9 minutes à 175 °C. Laisser refroidir, puis démouler.

Rillettes de maquereau

40 g de filet de maquereau frais
Sel fin
Huile d'olive vierge extra
20 g de fromage frais de vache
Cumin en poudre
Vinaigre de calamansi

Assaisonner les filets de maquereau de sel fin et d'huile d'olive. Enfourner 7 minutes à 180 °C. Écraser la chair de maquereau cuite à la fourchette et y incorporer le fromage frais, le vinaigre de calamansi, le cumin, puis rectifier l'assaisonnement. Disposer les rillettes dans des moules demi-sphères. Faire prendre au congélateur, démouler et réserver.

Espuma

80 ml de jus d'orange
1 pointe de couteau de cumin en poudre
1 feuille de gélatine qualité or
5 feuilles de menthe fraîche
2 branches de coriandre fraîche
10 ml de vinaigre de calamansi
Sel fin

Porter à ébullition tous les ingrédients liquides, le sel et le cumin, puis incorporer la gélatine ramollie à l'eau froide. Hors du feu, faire infuser les herbes environ 15 minutes (à couvert), puis passer au tamis fin. Mettre en siphon et utiliser 2 cartouches de gaz.

Montage

Dans chaque fond de tartelette, placer ½ c.à.c. de rillettes de maquereau et, à l'aide du siphon, recouvrir d'espuma.

« L'ITALIE »
COUSSIN CROQUANT À L'ARTICHAUT, PARMESAN ET TRUFFES

Pâte à pain

75 g de farine T55
10 g d'encre de seiche
5 g de levure fraîche
10 g d'eau tiède
3 g de sel fin

Mélanger les poudres au robot à vitesse faible.
Ajouter la levure préalablement dissoute dans l'eau ainsi que l'encre de seiche, puis augmenter progressivement la vitesse. Finir à vitesse rapide pendant au moins 1 minute, afin de former une boule bien homogène.
Mettre en pousse sous un linge à 50 °C pendant environ 1 heure.
Dégazer la pâte : la déposer sur le plan de travail. Avec les paumes des mains, lui donner des coups, puis l'étirer et la retourner sur elle-même. Répéter l'opération trois ou quatre fois, jusqu'à obtention d'une pâte bien souple, puis reformer une boule.
Abaisser la pâte au rouleau, puis terminer à l'aide d'un laminoir à pâte jusqu'à obtenir une épaisseur de 3 mm.
Tailler des carrés de 4 cm de côté et les placer sur un tapis silicone.
Enfourner 3 minutes à 250 °C pour les faire gonfler.
Percer la face supérieure afin de pouvoir les farcir.
Réserver en boîte hermétique à température ambiante.

Purée d'artichauts à la truffe

60 g de fonds d'artichaut
1 citron
30 g d'huile d'olive
½ branche de thym frais
1 gousse d'ail
120 g de vin blanc sec
100 g de crème liquide
5 ml de vinaigre de calamansi
5 g de truffe fraîche
Sel fin

Tourner les fonds d'artichaut : casser la queue à la base de l'artichaut pour se débarrasser des fibres.
À l'aide d'un couteau éminceur, retirer toutes

les parties dures de la base. Parer ensuite les côtés de la même façon. Éliminer la partie haute des feuilles, qui ne contient pas de chair. Avec la pointe du couteau, débarrasser l'intérieur du cœur et le foin.
Citronner l'artichaut pour éviter qu'il noircisse.
Dans un sautoir avec l'huile d'olive, l'ail et le thym, ajouter les fonds d'artichaut et déglacer au vin blanc.
Laisser cuire environ 45 minutes à feu vif (jusqu'à texture fondante des artichauts), puis débarrasser.
À chaud, au blender, mixer les fonds d'artichaut cuits, la crème et le vinaigre de calamansi afin d'obtenir une purée lisse. Rectifier l'assaisonnement, puis passer au tamis fin. Ajouter la truffe fraîche râpée finement. Réserver au frais en poche à douille.
Farcir les coussins en laissant dépasser un point de purée (afin d'y placer le parmesan).

Décoration

Copeaux de parmesan

Les amuse-bouche
« Autour de la Méditerranée »

Pour 4 personnes

« LA GRÈCE »
BILLE DE CONCOMBRE ET FETA, TAPENADE D'OLIVE DE KALAMATA

Bille de concombre partie verte

200 g de concombre
10 g de tomates confites
5 feuilles de menthe fraîche
15 ml de jus de citron
Sel fin

Mixer au blender le concombre, puis passer le jus au tamis fin. Réserver l'eau et la pulpe séparément. Ciseler très finement la menthe et tailler en brunoise (très petits dés) la tomate confite.
Mélanger la pulpe de concombre avec la menthe, la tomate confite, le sel et le jus de citron.
Dans un moule à bille en deux parties, disposer la pulpe assaisonnée sur la partie pleine.
Faire prendre au congélateur.

Bille de concombre partie blanche

40 g de feta
40 g de crème liquide
Poivre

Porter la feta et la crème à ébullition dans une casserole, puis mixer et finir par un tour de moulin à poivre. Pour le montage : sur le moule avec les demi-sphères concombre, à l'aide d'une poche à douille, ajouter le crémeux de feta, puis faire prendre au congélateur.

Tapenade d'olive de Kalamata

2 olives de Kalamata

Prélever le noyau, puis hacher la chair très finement. Réserver en poche à douille au frais.

Pickles d'oignon rouge

1 oignon grelot rouge
20 ml de vinaigre balsamique blanc
Huile d'olive.

Éplucher, puis tailler l'oignon en deux dans la longueur. Faire suer, puis déglacer au vinaigre et porter à ébullition. Couvrir et réserver sur le côté 10 minutes.

Gel d'eau de concombre

100 ml d'eau de concombre (cf. bille verte)
1 g d'agar-agar
Sel fin

Dans une casserole, ajouter l'eau de concombre et l'agar-agar ainsi que le sel.
Porter à ébullition, puis retirer du feu.

Montage des billes

5 g de feta
1 concombre

Démouler les billes, puis placer une pique au centre de la partie verte, tout en gardant les deux couleurs horizontales. Plonger chaque bille à trois reprises dans le gel d'eau de concombre pour qu'une coque se forme, et réserver au frais quelques minutes.
Dans un concombre, tailler des bandes de 11 cm et retirer les pépins. Enrouler chaque bille d'une bande, pocher un point de tapenade sur le dessus, ajouter un oignon pickle, puis de la feta.

« L'ESPAGNE »
TUILE FAÇON PAELLA

Tuile

40 g de riz
1 g d'épices Spigol
Paprika fumé
Sel fin

Cuire le riz à l'eau bouillante salée (à la créole) jusqu'à ce qu'il soit très tendre. Mixer à chaud tout en ajoutant les épices Spigol et le sel. Pour chaque tuile, étaler entre deux feuilles de papier sulfurisé une petite quantité de la pâte lisse obtenue, sur une épaisseur de 1 mm.
Déshydrater à 50 °C dans un four à chaleur tournante pendant 10 à 12 heures.
Laisser les tuiles reprendre en humidité au moins 24 heures à l'air libre.
Frire les tuiles dans un bain de friture. Les égoutter sur du papier absorbant, saler et poudrer au paprika fumé.

Piquillos

10 g d'oignon
50 g de piquillos confits
1 gousse d'ail
Huile d'olive
Sel fin

Émincer finement l'oignon et les piquillos.
Dans une casserole, faire suer les oignons dans l'huile d'olive.
Ajouter l'ail écrasé ainsi que les piquillos.
Cuire 20 à 30 minutes à feu doux.
Mixer jusqu'à l'obtention d'une purée lisse. Rectifier l'assaisonnement, puis réserver en poche à douille au frais.

Cubes de chorizo

30 g de chorizo fort haché
10 ml d'eau
10 ml de crème
1 g d'agar-agar

Cuire dans un sautoir le chorizo haché, la crème et l'eau. Porter à ébullition, puis mixer la préparation jusqu'à texture lisse. Débarrasser l'appareil en cellule de refroidissement. Lorsqu'il est froid, ajouter l'agar-agar et porter à ébullition.
Verser la gelée obtenue dans un petit plat sur une hauteur de 5 mm. Laisser prendre au frais quelques minutes. Tailler des cubes de 5 × 5 mm.

SOUPE À L'OIGNON MODERNE, SIGNATURE NICOLAS ISNARD

Bourgogne

Jusqu'à ce qu'elle fasse son entrée à Versailles, au XVIIIe siècle, introduite par Stanislas Leszczynski, duc de Lorraine et beau-père de Louis XV, la soupe à l'oignon, nourrissante à moindre coût, a été considérée comme un plat populaire, voire une « soupe de pauvres ». Son introduction à la cour a redoré son blason et en a fait un incontournable de la gastronomie française.

En 2007, lors du festival Omnivore, Nicolas Isnard découvre le sashimi de veau du chef Frédéric Coursol. Ce dernier utilise du pain, qu'il a fait sécher, des oignons frits et du bouillon de veau. Dans l'esprit de Nicolas Isnard, ces ingrédients font écho à ceux de la soupe à l'oignon et lui donnent envie de « dépoussiérer » ce classique.

Il la revisite par un jeu de textures autour de l'oignon qu'il glace et qu'il fait compoter, et par un effet chaud froid. Il veut créer de l'interactivité en bouche, qu'il parfait par le croquant de la chips de comté du Jura et par la saveur torréfiée du pain presque brûlé.

La soupe à l'oignon moderne de Nicolas Isnard est servie en amuse-bouche à l'Auberge de la Charme, afin que personne ne passe à côté.

Soupe à l'oignon moderne, signature Nicolas Isnard

Pour 4 personnes

Soupe

1 kg d'oignons blancs émincés
Huile de pépins de raisin
2 l de bouillon de bœuf
Sel fin et poivre blanc du moulin

Colorer les oignons émincés avec l'huile afin qu'ils soient caramélisés et déglacer au bouillon de bœuf. Laisser cuire 45 minutes (les oignons doivent être fondants).
Égoutter, puis réserver séparément la tombée d'oignons pour la glace, et la soupe.

Compotée d'oignon

200 g d'oignons blancs
Huile de pépins de raisin
25 g de beurre
Sel fin

Émincer finement les oignons et les faire caraméliser à la poêle dans l'huile, puis les égoutter.
Faire confire les oignons caramélisés dans une poêle avec le beurre, le sel et de l'eau, afin d'obtenir une compotée brillante.

Glace à l'oignon

1 l de lait
12 jaunes d'œuf
100 g de sucre
5 g de stabilisateur pour glace
250 g de tombée d'oignons

Chauffer le lait. Blanchir les jaunes d'œufs avec le sucre, puis ajouter le stabilisateur.
Verser le lait chaud sur la préparation, bien mélanger, puis transvaser dans la casserole et cuire en remuant jusqu'à ce que la crème nappe la cuillère.
Récupérer 250 g de la compotée d'oignons de la soupe et la mélanger à la crème anglaise, puis laisser infuser 30 minutes.
Mixer le tout et mettre au frais avant de faire prendre en sorbetière.
Turbiner au moment de servir.

Émulsion de pain brûlé

100 g de pain sec
25 cl de lait
Sel fin

Brûler le pain sec au chalumeau et le faire infuser dans le lait chaud. Assaisonner. Mixer à l'aide d'un mixeur à main, puis faire mousser au moment de servir.

Croûtons

½ tranche de pain de mie sans croûte

Tailler des petits cubes de pain de mie, puis les faire sécher sous les lampes chaudes du passe ou au four à 60 °C durant tout une nuit, sans coloration.

Tuile au comté

20 g de comté du Jura AOP

Sur une plaque à four, étaler le contenu de 4 c. à c. de comté et faire fondre environ 4 minutes à 180 °C.
Laisser refroidir.

FOIE GRAS PHÔ

Vietnam

La soupe phô (prononcer « feu ») est un plat vietnamien mondialement connu, composé de nouilles de riz, de morceaux de bœuf et d'herbes aromatiques. À l'origine, le bœuf, utilisé comme animal de trait, n'entrait pas dans sa composition, jusqu'à ce que les colons Français l'y introduisent, dit-on, lors de la création de l'Indochine à la fin du XIXe siècle.

La viande est remplacée par le foie gras. Quant au bouillon de canard que Nicolas Isnard substitue au bouillon de bœuf, il renvoie à un classique de la gastronomie française : le canard à l'orange.

Au canard est donc associée l'orange, mais aussi la carotte, le chef recherchant la connexion des couleurs comme celle des goûts.

Le bouillon est parfumé de saveurs asiatiques, comme celles de la citronnelle et du gingembre, mais aussi de la note herbacée apportée par la menthe et la coriandre que Nicolas Isnard fait infuser dans son bouillon, « plus vietnamien que celui des Vietnamiens ! »

Foie gras phô

Pour 4 personnes

Foie gras

4 tranches de foie gras (50 g chacune)
Sel fin

Snacker les tranches de foie gras à la plancha, une minute par face.

Phô

10 gousses d'ail hachées
20 g de gingembre haché
3 bâtons de citronnelle émincés
Huile de sésame
0,5 l de jus d'orange
1 l de bouillon de légumes
1 l de jus de carotte
½ bouquet de coriandre fraîche
½ bouquet de menthe fraîche

Faire revenir à l'huile de sésame l'ail, le gingembre et la citronnelle.
Mouiller avec le jus d'orange et laisser réduire jusqu'à obtenir une consistance sirupeuse.
Ajouter le bouillon de légumes et le jus de carotte, puis porter à ébullition.
Hors du feu, faire infuser 5 minutes les herbes fraîches, puis mixer au blender et passer dans un linge.

Kumquats confits

4 kumquats
20 g de sucre
60 ml de vinaigre balsamique blanc

Couper les kumquats en deux dans la longueur. Dans une casserole, mettre le sucre, le vinaigre et ajouter les kumquats coupés. Cuire 5 minutes à couvert, puis retirer du feu et laisser reposer 5 minutes de plus, toujours à couvert.
Conserver au frais.

Carotte

1 carotte
25 ml de vinaigre de calamansi
20 ml de jus d'orange

À l'aide d'une mandoline, réaliser des rondelles de carotte de 1 mm. Les découper à l'emporte-pièce (2 cm ⌀) pour obtenir une forme régulière, puis les faire mariner au moins 24 heures dans le mélange de jus d'orange et de vinaigre de calamansi.

Gel kumquat

4 kumquats confits

Prélever l'intérieur des 4 kumquats, le mixer, puis le passer au tamis. Conserver les peaux confites pour le dressage.

Dressage

2 c. à s. d'huile de sésame grillé
Coriandre
Mélisse
Tagète
Pousses d'amarante

Dans une assiette creuse, déposer le foie gras et ajouter un trait d'huile de sésame de chaque côté. Poser sur le foie gras un point de gel kumquat, 8 rondelles de carottes, 1 peau de kumquat confit roulée et une fleur. Dresser le bouillon à part dans une saucière.

BETTERAVE BORTSCH

Hongrie

La cuisine des pays d'Europe centrale a marqué Nicolas Isnard qui a travaillé au château de Prague en 2015 et 2016. Il a même été tenté d'ouvrir un restaurant en Tchéquie... À défaut de l'avoir fait, il a intégré des éléments de la tradition culinaire slave dans les assiettes de l'Auberge de la Charme.

Le bortsch, potage incontournable, contient traditionnellement de la betterave. Nicolas contrebalance sa saveur légèrement sucrée et terreuse avec l'acidité des vinaigres de riz noir et de calamansi. Il y apporte aussi de la sophistication en sculptant une rose de betterave et en ajoutant la note délicieusement grasse en bouche du caviar Osciètre. Celui-ci est produit par Sturia en Gironde, mais il renvoie également à la gastronomie des pays de l'Est.

Betterave bortsch

Pour 4 personnes

Gel citron

75 ml de jus de citron (25 ml + 50 ml)
50 ml d'eau
4 g d'agar-agar

Mélanger 25 ml de jus de citron et 50 ml d'eau dans une casserole. Ajouter l'agar-agar à froid, puis porter à ébullition.
Verser le liquide dans un plat et laisser refroidir au réfrigérateur au moins 2 heures.
Quand le mélange est dur, mixer et ajouter les 50 ml de jus de citron restant.

Rose de betterave

4 betteraves cuites

Éplucher les betteraves à l'aide d'un économe et réaliser quatre roses avec ces épluchures, en les roulant les unes sur les autres. Conserver les parures. Réserver au frais.

Spray

100 ml de vinaigre de calamansi
35 ml d'huile d'olive
Sel fin

À l'aide d'un mixeur, mélanger les deux liquides.
Placer cette vinaigrette dans un spray et la pulvériser sur les roses de betterave.

Bortsch

400 g de betteraves cuites
20 ml de vinaigre de riz noir
30 ml de vinaigre de calamansi
Sel

Dans un blender, mixer les parures de betterave ainsi que des betteraves entières. Ajouter les vinaigres de calamansi et de riz noir. Assaisonner et réserver au chaud (le bortsch se sert chaud).

Décoration

Caviar Sturia
Micropousses d'oseille veinée
Feuilles d'or

ENDIVES BRAISÉES AUX AGRUMES ET SAUCE À LA MENTHE

Maroc

Nicolas Isnard est tout juste rentré d'un de ses innombrables séjours au Maroc, de la menthe et des agrumes plein les valises. Nous sommes en hiver et des endives trônent sur le plan de travail de l'Auberge de la Charme. En voyant les endives et les oranges ainsi réunies, le chef songe instantanément à la recette traditionnelle du nord de la France, bientôt enrichie des saveurs marocaines qu'il affectionne tant.

L'endive est braisée pour lui enlever de son amertume. On ajoute du sucre et du miel, selon l'influence marocaine. On retrouve aussi celle-ci dans la sauce à la menthe qui accompagne les endives crues et en pickles.

Cette menthe, bien présente, nous emmène siroter un thé sous le soleil de la place Jemaâ El Fna, à Marrakech.

Endives braisées aux agrumes et sauce à la menthe

Pour 4 personnes

Endives pickles

30 ml de vinaigre blanc
20 ml d'eau
10 g de sucre
4 feuilles de menthe
8 feuilles d'endive

Réaliser un sirop avec l'eau, le sucre, le vinaigre blanc et les feuilles de menthe, puis le verser bouillant sur les feuilles d'endives.
Réserver au frais au moins 24 heures.

Endives glacées

2 endives de taille moyenne
200 ml de jus d'orange
80 ml de jus de citron
20 ml de vinaigre de calamansi
25 g de beurre
50 g de miel
Sel fin

Laver les endives et en couper la base. Dans un sautoir, à couvert, faire étuver les endives entières avec le jus de citron, le vinaigre, le miel, le sel et le jus d'orange à feu doux (léger frémissement). Retirer du feu, puis tailler les endives en deux dans la longueur.
Faire réduire de deux tiers le jus de cuisson et y ajouter le beurre, afin d'obtenir un jus de glaçage. Glacer les demi-endives dans ce jus, jusqu'à légère coloration.

Main de Bouddha confite

1 main de Bouddha
20 g de sucre blanc
50 g de condiment blanc (obtenu à partir d'un moût de raisin et de vinaigre de vin blanc)

Laver la main de Bouddha, puis tailler (à la trancheuse ou à la mandoline) 4 tranches de 1,5 mm d'épaisseur.
Dans un sautoir, faire fondre le sucre.
Ajouter les tranches de main de Bouddha, le vinaigre et couvrir.
Cuire 3 minutes, puis laisser reposer 20 minutes hors du feu. Réserver au frais.

Sauce à la menthe

¼ oignon
½ gousse d'ail épluchée
½ bâton de citronnelle
1 tranche de gingembre frais haché
Huile d'olive
250 ml de lait de coco
¼ botte de menthe fraîche
Jus de citron
Vinaigre de calamansi
Sel fin
1 goutte de colorant alimentaire vert

Dans un sautoir avec l'huile, faire suer l'oignon émincé, l'ail écrasé, la citronnelle émincée, le gingembre, sans coloration. Mouiller au lait de coco et porter à la première ébullition, puis retirer du feu. Faire infuser 15 minutes hors du feu la menthe fraîche effeuillée. Mixer au blender et passer au tamis fin. Rectifier l'assaisonnement et ajouter le jus de citron et le vinaigre ainsi que quelques gouttes de colorant.

Décoration

Zestes de main de Bouddha
Micropousses de menthe
Zestes d'orange
Segments de pamplemousse rose
Citron caviar

CONCOMBRE MARINÉ AU PIMENT DOUX GOCHUJANG, TEXTURES DE RIZ

Corée

Certaines des recettes créées à l'Auberge de la Charme naissent d'un ingrédient que l'équipe cherche à travailler depuis longtemps, jusqu'à ce que le bon moment se présente. C'est le cas du gochujang, condiment fermenté coréen, sucré et épicé, à base de poudre de piment, de riz gluant et de poudre de soja fermenté (meju).
Romane Jumeaux, sous-cheffe à l'Auberge de la Charme, en confectionne une marinade qui a été l'impulsion de cette recette. L'idée première était d'y tremper du maquereau. Brûlé à la flamme, il apportait une saveur puissante et animale, autour de laquelle le riz était travaillé sous différentes formes : blanc, toasté et soufflé, pour appuyer la note coréenne. Le plat a finalement été affiné en remplaçant le maquereau par du concombre, pour son caractère végétal évident, mais qui présente l'originalité d'être ici cuisiné comme un poisson et non comme un légume. Plongé dans la marinade de gochujang et grillé comme le maquereau, il offre sa fraîcheur, sa texture croquante et juteuse ainsi que la touche sensuelle recherchée.

Concombre mariné au piment doux gochujang, textures de riz

Pour 4 personnes

Riz torréfié croquant

20 g de riz long

Cuire le riz à la créole (à l'eau bouillante salée), puis bien l'égoutter, l'étaler sur une plaque et le déshydrater au four à chaleur tournante à 50 °C pendant 3 heures. Faire ensuite torréfier au sautoir, puis concasser finement. Réserver.

Marinade

1 gousse d'ail
50 ml de sauce soja salée
50 ml de sauce soja sucrée
30 ml de jus de citron
1 g de gochujang (pâte de piments coréens)
10 g de gingembre
10 g de coriandre en poudre
20 ml d'eau
1,5 g de fécule de maïs

Mixer l'ail, la sauce soja salée et sucrée, le jus de citron, le piment, le gingembre, la coriandre et l'eau ensemble. Dans une casserole, porter à ébullition la préparation mixée. Lier avec la fécule de maïs diluée dans un peu d'eau et laisser refroidir.

Concombre grillé

1 concombre

Laver le concombre et le tailler en deux dans la longueur, éliminer la partie centrale avec les pépins. Tailler chaque demi-concombre en trois parties égales. Puis pour chaque partie, couper les extrémités en biseau (réaliser une assise au dos de chacune). Une portion doit mesurer 12 cm de longueur et 2,5 cm de largeur. Sur un gril brûlant, marquer les concombres (sur une seule face). Réserver au frais.

Espuma de riz torréfié

100 g de riz long
200 ml de lait
1 feuille de gélatine qualité or
Sel
5 g de sucre

Dans une sauteuse, faire torréfier le riz à cru. Ajouter le lait et laisser infuser 10 minutes. Passer au tamis fin. En parallèle, faire tremper la gélatine dans l'eau froide.
Assaisonner de sucre et de sel le lait au riz torréfié, puis incorporer la gélatine bien égouttée. Passer au tamis fin. Mettre la préparation dans un siphon avec 2 cartouches de gaz, bien secouer et laisser reposer au frais.

Gel cédrat

100 g d'écorce fraîche de cédrat
30 g de sucre
10 ml de vinaigre de calamansi

Dans une sauteuse, faire fondre à sec le sucre et déglacer au vinaigre de calamansi. Porter à ébullition et ajouter l'écorce de cédrat.
Laisser confire (si besoin rajouter de l'eau pour ne jamais être à sec).
Lorsque les écorces sont bien confites, les mixer, puis passer au tamis et réserver en poche à douille.

Décoration

Fleurs d'ail violettes
4 bâtonnets de concombre crû de 13 cm de long
4 mini-concombres

CURRY DE LÉGUMES RÔTIS

Vietnam

Mélange détonnant et savoureux d'épices (une base de graines de cumin, de coriandre et de curcuma, à laquelle on ajoute, librement, gingembre, cardamome, ail, clou de girofle, fenugrec, cannelle, etc., selon les cultures et les goûts), le curry parfume avec panache la cuisine d'Asie du Sud-Est depuis des siècles. Caractérisé par la couleur jaune chatoyante que lui donne le curcuma, il est un condiment aux saveurs puissantes et complexes. Il est aussi une pâte, verte, jaune ou rouge, selon le piment qui sert de base à la préparation mijotée dans laquelle elle exhausse le goût d'une viande, d'un poisson, de fruits de mer ou de légumes.

Pour Nicolas Isnard et David Le Comte, le curry évoque avant tout la Thaïlande, où il est appelé *kaeng*. Ce pays, la « deuxième maison » de Nicolas, est une source intarissable d'inspiration. Il y a rencontré Jacques Cavin, maraîcher passionné, suisse d'origine et thaïlandais d'adoption, dont les récoltes lui suggèrent constamment de nouveaux accords de goûts.

Lorsque David Le Comte et Nicolas Isnard planchent sur l'élaboration d'un plat végétarien qu'ils souhaitent relevé et goûteux, le curry s'impose. Ils le marient à une sélection gourmande de légumes d'hiver, rehaussée par le croquant du pak choï, une variété de chou originaire du sud de la Chine. Panais, salsifis et céleris-raves se révèlent sous un nouveau jour dans cette recette hybride et emblématique de la cuisine croisée que défendent Nicolas Isnard et David Le Comte.

Curry de légumes rôtis

Pour 4 personnes

Éléments de base

100 g de panais
100 g de salsifis
100 g de céleri-rave
2 choux pak-choï
300 ml d'eau
130 ml de vinaigre de calamansi
(120 ml + 10 ml)
50 g de beurre
50 ml jus d'orange
100 g de chanterelles

Laver et éplucher les légumes.
Tailler les panais en quartiers et les salsifis en biseau.
Découper des tranches de céleri d'une épaisseur de 7 mm et y détailler des étoiles à l'aide d'un emporte-pièce.
Réaliser une brunoise de 2 mm avec la moitié des parures de céleri, et réserver l'autre moitié.
Tailler les pak-choïs en deux.
Cuire séparément les étoiles de céleri, le panais et le salsifis dans un glaçage à base d'eau (100 ml par légume), de vinaigre de calamansi (40 ml par légume) et de beurre (10 g par légume), jusqu'à obtenir une texture fondante.
Dans une boîte en plastique avec son couvercle, cuire les pak-choïs 10 minutes au four micro-ondes à 800 W, avec du jus d'orange (50 ml), du beurre (10 g) et du vinaigre de calamansi (10 ml).
Faire suer la brunoise de céleri et les chanterelles à la poêle dans 10 g de beurre.

Gel pomme

1 pomme Granny Smith
1 c. à c. de jus de citron

Éplucher la pomme et la couper en quartiers.
Retirer le cœur.
Dans une boîte plastique, disposer les quartiers et ajouter le jus de citron, puis filmer. Cuire 5 minutes au four micro-ondes. Égoutter et mixer.
Mettre en pipette ou en poche à douille.

Purée de céleri

200 ml de lait
200 ml d'eau
200 g de parures de céleris
20 g de beurre
Sel

Dans un rondeau, porter à ébullition le mélange lait et eau.
Ajouter le céleri et laisser cuire une trentaine de minutes.
Égoutter et passer au blender, en choisissant le mode chauffe. Ajouter du beurre pour lisser la purée (ne pas utiliser le liquide de cuisson).

Sauce curry

20 g oignon haché
10 g de galanga haché
10 g de gingembre haché
1 bâton de citronnelle émincé
1 gousse d'ail hachée
10 ml d'huile de sésame
20 g de pâte de curry vert
20 ml de jus de citron
40 g de purée de pomme
500 ml de lait de coco
Sel

Faire suer dans l'huile de sésame la citronnelle, les oignons, l'ail, le gingembre, le galanga, sans coloration.
Ajouter la pâte de curry vert et laisser légèrement accrocher.
Déglacer avec le jus de citron et ajouter la purée de pomme. Mouiller au lait de coco. Porter à ébullition, mixer et passer au tamis fin.
Rectifier l'assaisonnement.

Tomates

1 tomate cornue des Andes
1 tomate ananas moyenne
Huile de sésame grillé
Vinaigre de calamansi
Sucre
Sel fin

Monder les tomates. Les tailler en quartiers et les épépiner.
Faire confire les quartiers de tomate avec de l'huile de sésame, du sel fin, du sucre et du vinaigre de calamansi au four à 60 °C pendant 1 heure environ.
Frire à l'huile les peaux de tomates séchées à 160 °C.

DAÏKON, POIRE ET CARDAMOME « DE RETOUR DU JAPON »

Japon

David Tavernier a travaillé pendant quelques années auprès du chef bourguignon étoilé Laurent Peugeot, lui aussi consultant à travers le monde. Avant de réintégrer l'équipe de l'Auberge de la Charme, David a ainsi séjourné au Japon. Il en a notamment rapporté le daïkon (« grande racine » en japonais). Cette plante potagère hivernale, à la forme d'un gros et long radis blanc, et à la texture juteuse et peu fibreuse, se nomme takuan lorsqu'il est mariné.

Cette recette associe daïkon cru et takuan, subtilement mariné au saké pour affirmer l'influence japonaise, tout en offrant une acidité un peu piquante.

La délicatesse du plat est affirmée par la découpe de roses de daïkon.

S'y ajoutent la fraîcheur d'un sorbet à la poire – c'en était la saison au Japon au moment de la création de la recette – et un bouillon dashi froid, à base de kombu (algue) et de katsuobushi (copeaux qui bonite séchée), pour son umami, la fameuse « cinquième saveur ».

Une touche de caviar complète les accords spécifiques de la cuisine japonaise avec une petite tonalité grasse et gourmande, très appréciée par Nicolas Isnard.

Daïkon, poire et cardamome « de retour du Japon »

Pour 4 personnes

Rose

Environ 200 g de daïkon cru
100 ml de saké de cuisine
5 g de cardamome
Environ 200 g de takuan (daïkon mariné)
25 ml de vinaigre de calamansi
Sel fin

Tailler à la mandoline 80 rondelles de 1 mm de daïkon cru. Les blanchir dans une casserole d'eau (démarrer à l'eau froide) pendant 2 minutes, puis les refroidir dans une eau glacée.
Mettre les rondelles sous vide avec le saké, le sel fin et la cardamome et laisser mariner une nuit au moins.
Tailler à la mandoline 80 rondelles de 1 mm de takuan et les mettre sous vide avec le vinaigre de calamansi. Laisser mariner une nuit.
Monter les roses en alternant les rondelles de daïkon cru et les rondelles de takuan.

Gel

150 g de poires au sirop, égouttées
150 ml de sirop de poire
3 g d'agar-agar
7 g de cardamome

Mettre tous les ingrédients dans une casserole et porter à ébullition.
Mixer et faire prendre au frais.
Mixer au blender, passer au tamis, puis mettre en pipette ou en poche à douille.

Sorbet

200 g de poires au sirop, égouttées
70 ml de sirop de poire
20 g de sucre
12 ml de sirop de glucose
10 g de cardamome

Mettre tous les ingrédients dans une casserole et porter à ébullition.
Mixer, laisser refroidir, puis placer en sorbetière.

Bouillon

500 ml d'eau
500 ml de saké de cuisine
150 g de poires au sirop, égouttées
100 ml de sirop de poire
50 ml de sauce soja salée Kikkoman
25 ml de vinaigre de calamansi
1 sachet de bouillon thaï Ariaké
1 c. à s. de pâte de miso blanc

Porter tous les ingrédients (sauf le miso) à ébullition, puis retirer du feu et laisser infuser 15 minutes. Utiliser cette base de bouillon pour cuire les palets de daïkon.
Ajouter à froid le miso et mélanger au fouet, puis passer dans un linge.
Servir très frais, en saucière.

Palets

4 palets de daïkon de 5 mm d'épaisseur

Pocher les palets de daïkon 5 minutes dans le bouillon porté à ébullition.

Décoration

12 quartiers de poires au sirop brûlés au chalumeau
12 pousses de shiso vert
2 tours de moulin de cardamome sur chaque assiette.

OPÉRA DE FOIE GRAS, DATTES ET CLÉMENTINES

Maroc

Pour Nicolas Isnard, le Maroc est davantage qu'une destination, au sens touristique et ponctuel du terme. Il a ses habitudes, il y fait son marché, il retourne inlassablement en fouiller et en humer les traditions culinaires, dans un pèlerinage olfactif et gustatif toujours approfondi.

Mais c'est à Abu Dhabi que cette recette a été conçue. Nicolas Isnard et David Tavernier élaborent la carte du Bord'Eau, le restaurant du Shangri-La. Ils désirent que certaines recettes expriment le terroir bourguignon de l'Auberge de la Charme. C'est ainsi qu'ils associent foie gras et cassis.

Quelques années plus tard, la recette est repensée avec des marqueurs de la cuisine marocaine : la clémentine, les dattes et le cumin.

Opéra de foie gras, dattes et clémentines

Pour 4 personnes

Opéra de foie gras

375 g de lobe de foie gras déveiné (température ambiante)
5 g de sel fin
2 g de poivre blanc
5 g de cumin en poudre

Assaisonner le foie gras de sel et poivre.
Enfourner 3 à 4 minutes à 150 °C.
Égoutter après cuisson et placer dans un cadre inox de 12 × 10 cm sur 2 cm d'épaisseur. Saupoudrer de cumin en cours de remplissage.
Réserver au frais sous presse (placer des poids sur le foie gras).

Gelée de clémentine

12 ml de jus de citron
100 ml de jus de clémentine
1 feuille de gélatine qualité or

Faire chauffer les jus et y dissoudre la gélatine préalablement ramollie à l'eau froide.
Couler la gelée tiède sur le foie gras sur une épaisseur de 5 mm, puis réserver au frais pour figer

Gel clémentine

150 ml de jus de clémentine
2 g d'agar-agar

Porter à ébullition le jus de clémentine et l'agar-agar, puis faire prendre la gelée au frais. La mixer au blender et passer au tamis fin.

Purée de dattes

75 g de dattes Medjoul (dénoyautées)
37 ml de jus de citron

Mixer les dattes au blender avec du jus de citron afin d'obtenir une purée lisse, puis passer la préparation au tamis fin.

Décoration

4 segments de clémentine brûlés au chalumeau
12 petits morceaux de dattes
Micropousses d'oseille veinée

CHOU-FLEUR RÔTI AUX ÉPICES INDIENNES, AMANDES, TAMARIN ET CARDAMOME

Inde

Nicolas Isnard, grand amateur de cuisine indienne, a réussi, sans avoir jamais visité le sous-continent, à l'inviter à sa table grâce aux collaborations régulières de chefs et de stagiaires indiens.

Le garde-manger étant plein de choux-fleurs, saison oblige, ce jour-là, les Français ont préparé un gratin classique pour le repas de l'équipe, tandis que les stagiaires indiens cuisinaient le légume à leur manière. Non seulement Nicolas Isnard s'est régalé, mais il s'est appuyé sur cette dégustation pour concevoir une nouvelle recette. Un gros chou-fleur blanc est recouvert avec un beurre d'épices (cardamome, cannelle, cumin, curcuma et curry) et cuit longuement au four, en l'arrosant toutes les 5 minutes. En fin de cuisson, le chou-fleur est entièrement coloré à l'extérieur et délicieusement confit.

La texture épaisse, mais très légère en bouche, d'une sauce aux amandes arrondit et lie l'ensemble. Elle constitue une alternative végétale à la protéine animale, essentielle pour Nicolas Isnard et son équipe qui veulent pouvoir satisfaire tous leurs clients.

Chou-fleur rôti aux épices indiennes, amandes, tamarin et cardamome

Pour 4 personnes

Chou-fleur rôti aux épices

1 chou-fleur
250 g de beurre
30 g de curry de Madras en poudre
30 g de cumin
30 g d'épices à tandoori
15 g de sel fin
15 g de curcuma
20 g de paprika

Laver et retirer les feuilles du chou-fleur.
Réaliser un beurre pommade : sortir le beurre du réfrigérateur 30 minutes avant de le travailler à la spatule jusqu'à obtenir une texture souple. Incorporer les épices. Mélanger.
Enrober totalement le chou-fleur avec le beurre à l'aide d'une spatule ou avec les mains.
Disposer dans un plat et enfourner 45 minutes à 180 °C, tout en arrosant toutes les 15 minutes avec le beurre de cuisson.

Gel tamarin

1 bâton de citronnelle
Huile neutre
3 c. à s. de purée de tamarin non sucrée
200 ml d'eau
20 g de sucre
10 g d'agar-agar
Sel

Laver la citronnelle et la ciseler. La faire suer dans une casserole avec un peu d'huile.
Ajouter la purée de tamarin tout en mouillant avec l'eau.
Ajouter le sucre et le sel, puis porter à ébullition.
Mixer, passer au chinois et laisser refroidir.
Une fois le mélange refroidi, ajouter l'agar-agar, mélanger et porter à ébullition pendant 2 minutes.
Réserver le liquide au frais pour que la gelée prenne.
Mixer ce gel avec un peu de jus de citron si le tamarin n'est pas assez acide, et le mettre dans une poche à douille.

Copeaux d'amande

50 g d'amandes

Porter une casserole d'eau à ébullition. Y cuire les amandes 15 à 20 minutes. Égoutter les amandes et les monder (retirer la peau). Les émincer à la mandoline.

Sauce amande torréfiée et cardamome

50 g d'amande
3 bâtons de citronnelle
20 g de gingembre
30 g d'oignon
250 ml de lait d'amande
2 gousses de cardamome
20 ml de jus de citron
Sel
Huile d'amande douce

Dans un four préchauffé à 170 °C, torréfier les amandes pendant 7 minutes.
Laver la citronnelle, éplucher le gingembre et l'oignon.
Les ciseler et les faire suer dans de l'huile d'amande douce.
Ajouter le lait d'amande et la cardamome, puis laisser infuser 20 minutes. Retirer les gousses de cardamome, puis mixer, passer au chinois et verser dans une casserole.
Ajouter les amandes torréfiées et laisser infuser à nouveau 30 minutes, en ajoutant le jus de citron.
Mixer le tout jusqu'à obtenir une texture homogène et sans grumeaux. Rectifier l'assaisonnement.

FILET DE VEAU, PASTÈQUE ET OIGNONS DOUX DES CÉVENNES, SAUCE AU POIVRE DE SICHUAN

Chine

À l'Auberge de la Charme, si les produits voyagent, ils accompagnent également les saisons. Cette recette estivale conduit ainsi la pastèque au Japon.
Nicolas Isnard explore volontiers les chemins de traverse et apprécie le challenge de cuisiner des produits peu travaillés.
Au cœur de l'été, la pastèque est une aubaine. Au Japon, en revanche, on la déguste en carrés et à un prix exorbitant. Il n'en fallait pas davantage pour alimenter la créativité du chef.
Les éléments s'assemblent sur fond de saveurs asiatiques : le filet de veau est laqué à la sauce soja salée et sucrée ainsi qu'à la sauce à l'huître. La pastèque, elle, est rôtie et arrosée d'une sauce similaire à laquelle on ajoute un peu de saké et du mirin, un vinaigre de riz japonais. Elle est ensuite cuite doucement et longuement. Pour un résultat final surprenant, puisqu'à la sortie du four, vidée de toute son eau, elle s'est métamorphosée visuellement et a le goût de la tomate confite !
Pour parfaire le voyage, on a fait un crochet par la Chine, dans la région du Sichuan, célèbre pour son poivre. La sauce est préparée de façon traditionnelle, si ce n'est que le poivre du Sichuan apporte en bouche un goût électrique marqué et un peu piquant.

Filet de veau, pastèque et oignons doux des Cévennes, sauce au poivre de Sichuan

Pour 4 personnes

Pastèque rôtie

1 tranche de pastèque (sans la peau) d'environ 2 cm d'épaisseur
50 g de sauce soja salée
50 g de sauce soja sucrée
20 g de vinaigre de riz noir

Placer la tranche de pastèque dans une plaque à bords hauts et l'assaisonner avec les autres ingrédients.
Enfourner 50 minutes à 110 °C, puis sortir du four et laisser reposer dans le jus de cuisson environ 30 minutes.
Mettre sous vide (ou, à défaut, conserver au frais dans le jus de cuisson) la pastèque cuite avec le jus de cuisson et laisser reposer au frais au moins 24 heures pour qu'elle soit bien imprégnée et devienne translucide.
Égoutter la pastèque et brûler les deux faces au chalumeau, puis détailler 4 quartiers de même taille.

Filet de veau

480 g de filet de veau
Sel fin
Huile neutre
Fleur de sel

Rouler le filet de veau dans du film alimentaire, sans trop serrer, et le cuire au four préchauffé à 45 °C pendant environ 40 minutes. Retirer le filet de veau du film alimentaire, l'assaisonner de sel fin sur toutes les faces et le colorer à la plancha avec l'huile neutre. Le faire monter en température jusqu'à 57 °C pour une viande rosée.
Tailler 4 portions dans le filet coloré.

Oignon doux

1 oignon doux des Cévennes
Huile d'olive vierge extra
Sel fin
Vinaigre balsamique blanc (en spray)

Placer l'oignon, avec sa peau, dans une papillote de papier aluminium avec de l'huile d'olive et du sel, puis enfourner environ 40 minutes à 180 °C. Éplucher l'oignon cuit pendant qu'il est encore chaud et le détailler en pétales harmonieux. Assaisonner à chaud de sel et de vinaigre balsamique blanc.

Gel pastèque

50 g de pastèque
5 g de sauce soja salée
5 g de sauce soja sucrée
2 g de vinaigre de riz noir
5 g de sucre
1 grosse pointe de couteau (0,6 g) d'agar-agar

Mélanger tous les ingrédients et porter à forte ébullition. Retirer aussitôt du feu, puis faire prendre la gelée au frais. La mixer au blender afin de la rendre lisse, puis la passer au tamis fin. Mettre en pipette ou en poche à douille.

Sauce au poivre de Sichuan

50 ml d'huile neutre
20 g de beurre
100 g d'échalotes émincées
½ c. à s. de grains de poivre de Sichuan
Cognac
200 ml de jus de veau corsé
100 ml de crème liquide
Fécule de pomme de terre

Dans un sautoir avec de l'huile et du beurre, faire colorer les échalotes afin d'obtenir des sucs. Ajouter les grains de poivre et torréfier légèrement, puis flamber au cognac et déglacer au jus de veau. Réduire de moitié et ajouter la crème. Si besoin, lier à la fécule de pomme de terre (diluée dans un peu d'eau). Mixer au blender, passer au chinois étamine, puis rectifier l'assaisonnement.

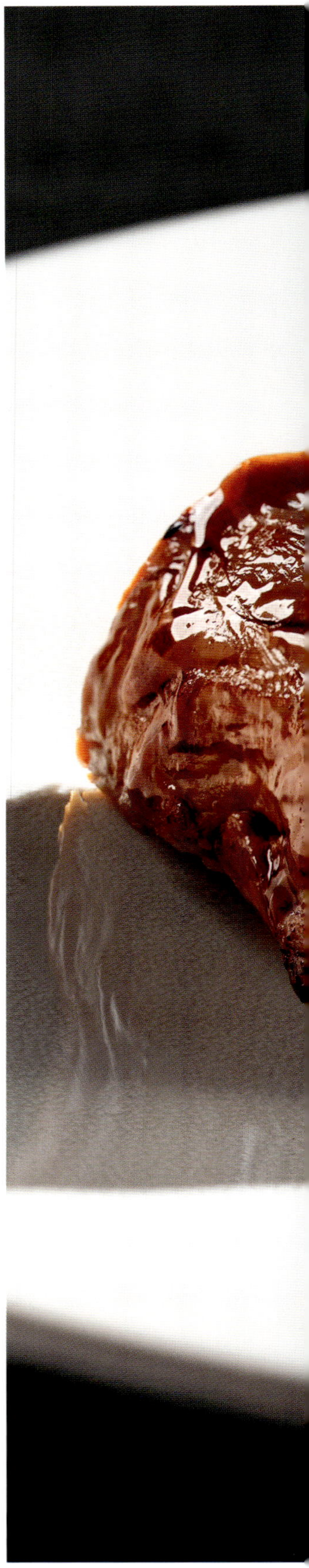

FRICASSÉE DE RIS DE VEAU ET POULPE, SAUCE « RETOUR DE SAÏGON »

Vietnam

Ris de veau, poulpe et Vietnam : trio gagnant pour cette recette qui rassemble deux des produits favoris de Nicolas Isnard et l'un des pays qui l'inspirent le plus.
En associant les ris de veau et le poulpe, Nicolas Isnard se lance d'abord dans l'exploration d'un accord terre-mer à l'équilibre subtil.
La sauce est peu à peu mise au point. Laquée, elle recouvre les ris de veau qui seront ensuite frits. Pour ces abats de jeune veau, au goût fin et crémeux, il s'agit d'une cuisson assez peu courante.
Le croustillant de la viande et le caramélisé de la sauce viennent ensuite, très naturellement, se marier avec le poulpe, tandis que les cœurs de palmier et la carambole apportent une acidité croquante aux nuances asiatiques.

Fricassée de ris de veau et poulpe, sauce « retour de Saïgon »

Pour 4 personnes

Main de Bouddha confite

1 main de Bouddha
20 g de sucre
40 g d'eau
20 g de vinaigre de calamansi

À la trancheuse à jambon, tailler des tranches de 2 mm dans la main de Bouddha. Faire fondre le sucre et le déglacer avec les deux liquides, puis ajouter les tranches et les confire à feu doux. Laisser hors du feu, puis refroidir. Mettre sous vide avec le jus de cuisson et laisser reposer au moins 24 heures.

Sauce Saïgon

50 g d'oignons jaunes émincés
24 g de citronnelle fraîche et émincée
18 g de gousses d'ail écrasées
11 g de gingembre frais en mirepoix (dés de 1 cm)
12 g d'huile de sésame grillé
400 ml de sauce pad thaï
160 ml de jus de veau corsé
11 ml de sauce soja salée
10 ml de sauce soja sucrée
16 ml de vinaigre de riz noir chinois

À feu vif, faire suer à l'huile de sésame les oignons, l'ail, la citronnelle, le gingembre, jusqu'à légère coloration. Ajouter la sauce pad thaï et cuire quelques minutes afin d'obtenir une pâte. Ajouter les sauces soja, le vinaigre de riz noir ainsi que le jus de veau, puis faire réduire d'un tiers à feu vif. Mixer la sauce au blender pendant 3 à 4 minutes, puis passer au chinois étamine. Récupérer les fibres restées dans le chinois et les déshydrater à 70 °C pendant 5 à 6 heures, puis les réduire en poudre. En saupoudrer le ris de veau avant de le placer dans l'assiette.

Laquage

45 ml de sauce d'huître
17 ml de sauce soja salée
17 ml de sauce soja sucrée
5 ml de vinaigre de calamansi
5 ml de vinaigre de riz noir chinois
1 c. à s. de fécule de pomme de terre

Faire bouillir les liquides, puis les lier avec la fécule de pomme de terre diluée dans un peu d'eau. Laisser refroidir et réserver à température ambiante.

Purée d'ail noir

50 g de pulpe d'ail noir
10 g d'eau

Mixer la pulpe d'ail et l'eau, puis passer au tamis fin et mettre en pipette.

Cœur de palmier

8 rondelles de cœur de palmier frais

Tailler 8 rondelles de cœur de palmier et les cuire 1 minute et demie dans la sauce Saïgon, en conservant leur croquant.

Ris de veau

2 ris de veau (ris de cœur) crus
20 g d'huile de pépins de raisin
50 g de laquage

Faire dégorger les ris de veau à l'eau claire pendant une heure. Les cuire à l'eau frémissante 20 minutes, laisser reposer 5 minutes dans l'eau de cuisson, puis refroidir dans l'eau glacée. Retirer les peaux des ris de veau. Les colorer dans une poêle avec l'huile. Couper les ris de veau en deux. Les badigeonner de laquage, puis les frire à 180 °C à la friteuse afin d'obtenir un extérieur croustillant et brun. Laquer de nouveau.

Poulpe

2 tentacules de poulpe (cuits au court-bouillon)
40 g de laquage
20 g d'huile de pépins de raisin

Tailler les tentacules cuits en 8 morceaux et les colorer dans une poêle avec l'huile. Badigeonner les morceaux de poulpe de laquage, puis les frire à 180 °C à la friteuse afin d'obtenir un extérieur croustillant et brun. Les laquer à nouveau.

Garniture

4 tranches de carambole fraîche
12 feuilles de capucines
6 micropousses de tagète

VOLAILLE DE LIGNY, SAUCE CURCUMA, ROSE DE CÉLERI

Inde

La volaille de cette recette provient de la ferme familiale de Ligny, en Haute-Saône, tandis que le curcuma arrive de Chiang Mai, en Thaïlande, où Nicolas Isnard a eu pendant quelques années un restaurant, Oxygen. Jacques Cavin, maraîcher bio d'origine suisse, concepteur d'un magnifique domaine à la périphérie de la ville, approvisionnait le chef français en fruits, légumes, plantes aromatiques et épices. En Thaïlande, Nicolas se familiarise avec le curcuma qu'il travaille frais (en rhizome) ou en poudre. Cette épice dorée provenant de la racine de la plante tropicale *Curcuma longa*, originaire d'Asie et d'Asie du Sud-Est, est utilisé depuis des siècles dans la cuisine indienne pour ses nombreuses vertus. Elle est ici le lien entre la Bourgogne et l'Inde, non sans célébrer, en passant, la Thaïlande.

Volaille de Ligny, sauce curcuma, rose de céleri

Pour 4 personnes

Sauce curcuma

25 g de beurre doux
125 g d'oignons jaunes émincés
45 g de gousses d'ail entières, épluchées et écrasées
13 g de gingembre frais, taillé en mirepoix (dés de 1 cm)
5 g de curcuma en poudre
300 ml de lait de coco
30 ml de jus de citron jaune
22 ml de vinaigre de calamansi
11 ml de sauce soja salée

À feu vif, faire suer (sans coloration) au beurre, les oignons, l'ail et le gingembre afin d'en extraire toute l'humidité. Ajouter le curcuma et réaliser une « pâte » dans la casserole. Ajouter les ingrédients liquides et cuire jusqu'à la première ébullition, puis stopper la cuisson. Mixer au blender pendant 3 à 4 minutes, puis passer au tamis fin en foulant (écrasant) fortement la pâte.
Servir la sauce chaude, en saucière.
Récupérer les fibres restées dans le tamis et les déshydrater au four à 70 °C pendant 5 à 6 heures. Les réduire en poudre à l'aide d'un blender et en saupoudrer la volaille.

Volaille de Ligny

4 suprêmes de volaille de la ferme de Ligny
Sel fin
Huile neutre (pépins de raisin)

Parer les suprêmes de volaille (enlever tous les nerfs et les parties sanguinolentes), les assaisonner, puis les rouler en forme de cônes à l'aide d'un film alimentaire.
Enfourner les cônes de volaille 1 heure à 60 °C au four, puis laisser reposer 10 minutes hors du four. Conserver au frais.
Retirer le film des cônes de volaille, les sécher à l'aide d'un papier absorbant. Les assaisonner de nouveau.
Les colorer sur la peau afin qu'elle soit dorée et croustillante. Tailler les cônes afin d'obtenir une assise et les placer sur les assiettes.

Rose de céleri

1 céleri-rave
Huile d'olive vierge extra
Sel fin
Poudre de cassis

Éplucher le céleri boule et le tailler en quartiers. Emballer ceux-ci un par un dans du papier aluminium avec de l'huile d'olive et du sel. Enfourner environ 40 minutes 160 °C. Laisser reposer 15 minutes hors du four et réserver au frais.
Trancher les quartiers de céleri cuits à 2 mm d'épaisseur (garder les parures pour la purée) à l'aide d'une trancheuse à jambon. Assaisonner les tranches de céleri cuites avec de l'huile d'olive et du sel, puis les rouler pour former une rose.
Saupoudrer les roses de poudre de cassis.
Maintenir les roses à 50 °C, puis disposer une rose par assiette.

Purée de céleri et curcuma

80 g de parures de céleri cuites
40 ml de crème liquide à 30 % de matière grasse
Curcuma en poudre
Sel fin

Au blender chauffant (à 70 °C), mixer les parures de céleri cuites avec la crème chaude, le curcuma et le sel pendant 4 minutes, puis passer au tamis fin.
À l'aide d'une spatule, former une virgule de purée chaude sur le bord de l'assiette.

Gel cassis

80 ml de jus de cassis de Bourgogne AOP
8 g de sucre
1 grosse pointe de couteau (0,8 g) d'agar-agar

Porter tous les ingrédients à ébullition. Laisser refroidir, puis faire prendre la gelée au frais.
La mixer au blender, en ajoutant un peu de jus de cassis si nécessaire pour lisser. Passer au tamis fin, puis mettre en pipette ou en poche à douille.
Faire des points sur la rose de céleri et l'assiette.

Garniture

Shiso pourpre

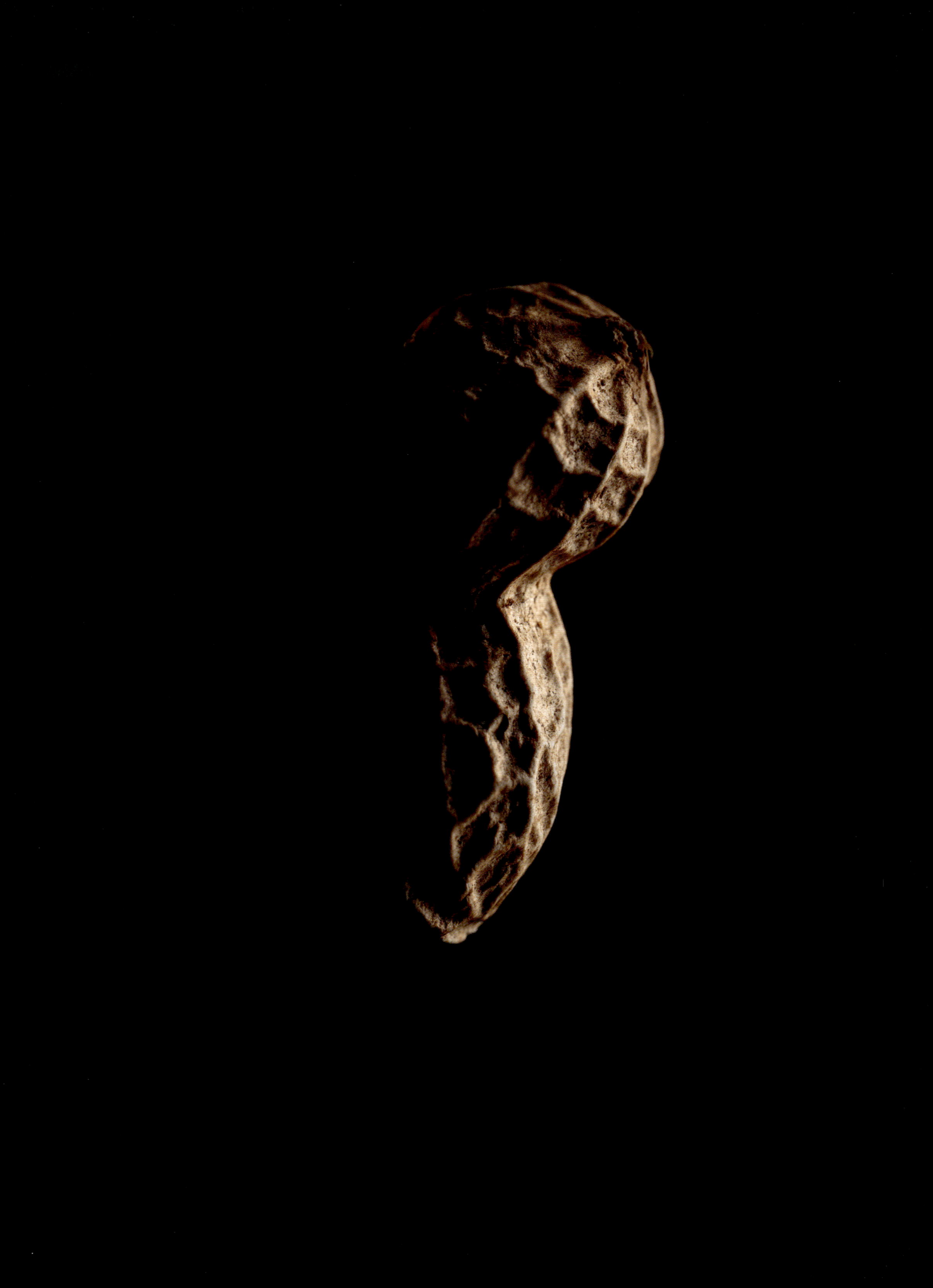

PIGEON, MAÏS, AIL NOIR, PASSION ET SAUCE CACAHUÈTES

Thaïlande

Beaucoup de plats de Nicolas Isnard ont pour point de départ la création d'une sauce. La recette se construit ensuite, à partir de cette impulsion.

La sauce cacahuète est un classique de la gastronomie d'Asie du Sud-Est. Elle naît en Indonésie au XIXe siècle, puis se répand en Thaïlande, au Vietnam, en Chine et en Malaisie. Associée à un mélange d'épices, cette sauce satay est utilisée comme marinade et accompagnement de viandes grillées.

Alors qu'il travaille au Mandarin oriental de Canton, Nicolas Isnard cherche à faire évoluer ce satay, qu'il trouve un peu fade, en y distillant du vinaigre de riz noir, l'un de ses produits favoris, à l'acidité très particulière.

La sauce cacahuète est travaillée avec du gingembre, de la citronnelle, du concentré de tomates, beaucoup d'ail et d'oignons. On est loin de la recette traditionnelle : la sauce imaginée est un peu acidulée et crémeuse en bouche. Quant à l'association maïs-ail noir, Nicolas Isnard l'avait déjà mise au point dans son restaurant de Chiang Mai, en Thaïlande.

Ici, il utilise le goût unique de cet ail fermenté en un gel qui donne une saveur caramélisée à la recette.

Pigeon, maïs, ail noir, passion et sauce cacahuètes

Pour 4 personnes

Pigeon

2 pigeons
Huile de tournesol
Sel fin

Demander au boucher de préparer les pigeons sur le coffre, en conservant les cuisses et les abats pour la préparation des cromesquis, les abattis pour le jus.
Passer les coffres de pigeons à la friteuse à 180 °C pendant 20 secondes, puis enfourner 20 minutes à 40 °C.
Prélever les suprêmes sur les coffres et les colorer côté peau sur la plancha (à défaut, à la poêle chaude).

Jus de pigeon corsé

Les carcasses des 2 pigeons
50 g d'huile neutre
1 échalote
1 gousse d'ail
200 ml de vin rouge
1 l de fond blanc de volaille

Concasser grossièrement les carcasses. Dans un comptoir avec l'huile, faire colorer fortement les carcasses, puis ajouter l'échalote émincée et l'ail écrasé. Déglacer au vin rouge et faire réduire de trois quarts. Mouiller au fond blanc de volaille et laisser cuire 1 heure à feu moyen, puis passer au chinois.

Cromesquis de pigeons

25 g de foie gras
Les abats des 2 pigeons
¼ d'échalote ciselée
Cognac
25 g de beurre doux
Farine
1 œuf
Chapelure fine
Huile de friture
Poivre blanc du moulin
Sel fin
Les cuisses des 2 pigeons
100 ml de vin rouge
300 ml de jus de pigeon corsé

Dans une poêle antiadhésive, faire revenir le foie gras, les abats et l'échalote. Flamber au cognac et ajouter le beurre, bien assaisonner. Retirer du feu et laisser refroidir.
Hacher le mélange au couteau jusqu'à obtenir une texture bien lisse.
Au sautoir, avec de l'huile, faire colorer les cuisses de pigeons, puis déglacer au vin rouge et laisser réduire pratiquement à sec. Mouiller avec le jus de pigeon et laisser cuire environ 1 heure. Débarrasser les cuisses cuites, puis prélever la viande. La hacher finement au couteau et la mélanger à la farce précédente.
Mouler la « farce à gratin » dans des moules à cromesquis en silicone et faire prendre au congélateur.
Paner les cromesquis congelés à l'anglaise : passer dans la farine, puis dans un œuf entier battu et, pour finir, rouler dans la chapelure fine de pain.
Les frire à la friteuse à 180 °C. Placer un os (nettoyé) de pigeon au centre du cromesquis, comme un cure-dent.

Suite de la recette →

Pigeon, maïs, ail noir, passion et sauce cacahuètes

Purée de maïs

150 ml de crème liquide à 35 % de matière grasse
600 g de maïs cuit
Sel

Faire chauffer la crème dans une casserole. Dans un blender, mixer le maïs avec cette crème chaude, assaisonner, puis passer au tamis fin.

Purée d'ail noir

50 g d'ail noir épluché
30 ml d'eau
Sel fin

Mixer l'ail noir et passer au tamis fin. Dans une casserole, le détendre avec l'eau et le sel jusqu'à obtenir une consistance crémeuse.

Mini-maïs

1 c. à s. de farine
½ c. à s. de fécule de pomme de terre
Sel fin
Eau gazeuse
4 mini-maïs
Huile de friture

Réaliser une pâte à tempura avec la farine, la fécule, le sel et l'eau gazeuse. Y tremper les mini-maïs et les frire à la friteuse à 180 °C.

Sauce cacahuète

2 oignons
7 bâtons de citronnelle
50 g de galanga
50 g de gingembre
10 gousses d'ail
20 g d'huile de sésame
6 c. à s. de concentré de tomates
6 c. à s. de pâte de cacahuètes
150 ml de vinaigre de riz noir
100 ml de sauce soja salée
750 ml de jus de pigeon corsé
500 ml d'eau

Tailler la garniture : émincer finement la citronnelle, tailler en brunoise le gingembre et le galanga, ciseler les oignons, écraser les gousses d'ail.
Faire revenir la garniture dans l'huile de sésame sans coloration.
Ajouter le concentré de tomates ainsi que la pâte de cacahuètes : faire cuire jusqu'à obtention d'une pâte homogène qui n'accroche pas dans le fond de la casserole.
Déglacer au vinaigre de riz et à la sauce soja. Laisser réduire et mouiller au jus de pigeon et à l'eau.
Porter la sauce à ébullition, mixer et passer au chinois.
Goûter et rectifier l'assaisonnement avec de la sauce soja si besoin.

Laquage

90 ml de sauce soja salée
100 ml de vinaigre de riz noir
100 ml de sauce d'huître
50 ml de vinaigre de calamansi
34 g de fécule de pomme de terre

Porter tous les ingrédients liquides à ébullition et les lier à la fécule préalablement diluée dans un peu d'eau.

Décoration

½ fruit de la passion frais

LA MER

ROSE DE SAINT-JACQUES ET CHAMPIGNONS SAUCE TOM YAM

Thaïlande

Nicolas Isnard et David Le Comte expliquent que la plupart de leurs recettes intègrent « un ingrédient voyageur ». Ici, ce sont les champignons de Paris qui séjournent en Thaïlande où ils rencontrent une préparation emblématique de la gastronomie locale : la sauce tom kha (*tom* signifie « bouillir » et *kha* désigne le galanga).
Avec son lait de coco, elle est la déclinaison crémeuse de la célèbre tom yam, l'une des sauces les plus populaires en Thaïlande. L'aigre-doux est ici balancé par les notes vives et acidulées des feuilles de combawa, agrume proche du citron vert, à l'écorce boursoufflée, et par le vinaigre de calamansi, petit agrume philippin. Les notes épicées et aromatiques du gingembre remplacent la touche forte et poivrée du galanga de la recette d'origine.
Le litchi s'est imposé assez naturellement par sa saveur florale et délicate, mais aussi par pour sa texture et sa couleur parfaitement accordées à celles de la Saint-Jacques.

Rose de Saint-Jacques et champignons sauce tom yam

Pour 4 personnes

Rose

4 champignons de Paris blanc
12 coquilles Saint-Jacques
Fleur de sel

Laver les champignons et couper le pied (les conserver).
Les émincer finement à la mandoline.
Découper les Saint-Jacques en fines lamelles dans l'épaisseur, comme pour un carpaccio.
Procéder au montage : disposer une ligne de lamelles de champignons, ajouter par la suite les lamelles de Saint-Jacques.
Assaisonner à la fleur de sel et rouler pour former une rose.

Sauce tom yam

24 g d'échalote
½ gousse d'ail
Les pieds des champignons
1 bâton de citronnelle
20 g de gingembre
50 g d'huile de sésame
20 ml de vinaigre de calamansi
26 ml de jus de citron
400 ml de lait de coco
¼ de feuille de combawa
25 ml de sauce soja salée

Éplucher les ingrédients. Ciseler l'échalote, tailler le gingembre et les pieds de champignon en brunoise, émincer la citronnelle et écraser l'ail.
Faire suer dans l'huile de sésame l'échalote, l'ail, les pieds de champignons, le gingembre et la citronnelle.
Déglacer au vinaigre de calamansi et au jus de citron. Laisser réduire.
Mouiller au lait de coco, puis ajouter les feuilles de combawa.
Laisser infuser 10 minutes, puis passer au chinois et assaisonner avec la sauce soja.

Litchis

4 litchis

Émincer les litchis et les disposer sur la rose.

Gel tamarin

50 g de pâte de tamarin

Passer la pâte de tamarin au tamis et mettre en poche à douille.

Dressage

Huile de piment
12 feuilles de capucines

Disposer la rose de Saint-Jacques au centre de l'assiette, dresser des points de gel tamarin dessus, placer 3 feuilles de capucines et verser la sauce autour de la rose. Finir avec un trait d'huile de piment.

LE POIS CHICHE, HADDOCK FUMÉ ET CAVIAR STURIA

Liban

Mohamed Veroo, chef syro-libanais, partage régulièrement et avec délectation les recettes de son pays avec l'équipe de l'Auberge de la Charme. Ses références complètent et recoupent, souvent, celles que Nicolas Isnard a puisées au fil de ses voyages. De l'amour de ce dernier pour le Moyen-Orient et de la collaboration de Mohamed a surgi l'envie de cuisiner le pois chiche.

Il est à la fois la base de cette recette et son produit phare, puisque la versatilité de ses textures permet d'amener le plat à un niveau gastronomique. Salade, espuma et tuile : le pois chiche se met dans tous ses états, dans l'esprit des salades de la « street food » libanaise, avec leur mélasse à la grenade, à la texture épaisse et à l'acidité marquée.

Voici l'histoire d'une salade de pois chiche au Liban, à laquelle on rend hommage en la hissant au statut qu'elle mérite.

Le pois chiche, haddock fumé et caviar Sturia

Pour 4 personnes

Espuma

½ oignon
Huile de tournesol
1 gousse d'ail épluchée
30 g de pois chiches cuits
30 g de tahini (pâte de sésame)
2 graines de fenouil
1 g de cumin en poudre
100 ml de crème liquide
40 ml de jus de citron
Sel fin

Dans une casserole avec l'huile chaude, faire revenir sans coloration l'oignon, l'ail et les pois chiches. Ajouter les épices et le tahini et laisser accrocher quelques minutes, puis ajouter la crème et le jus de citron. Porter à ébullition.
Mixer la préparation au blender et passer au tamis fin, puis mettre en siphon avec 2 cartouches de gaz.

Houmous

100 g de pois chiches cuits
20 g de tahini (pâte de sésame)
10 g de jus de citron
10 g de sel fin

Au robot, mixer tous les ingrédients dans l'ordre.

Tuile

20 g de blancs d'œuf
20 g de farine de pois chiches

Mélanger les ingrédients au fouet, étaler sur un tapis en silicone et enfourner 8 minutes à 180 °C.

Vinaigrette

10 ml de jus de citron
30 g de mélasse de grenade
30 ml d'huile d'olive vierge extra
Sel fin

Mélanger tous les ingrédients.

Salade

1 citron vert
¼ d'oignon
2 g de sumac en poudre
1 g de cumin en poudre
40 g de jus de citron
100 g de pois chiches cuits
20 g de graines de grenade fraîche
⅛ de botte de menthe fraîche
10 g de mélasse de grenade
Sel fin

Peler le citron vert à cru et prélever les segments. Ciseler les oignons, ajouter le sumac, le cumin et le sel. Porter le jus de citron à ébullition et le verser sur le mélange, puis laisser mariner une heure au frais.
Dans un cul-de-poule, mélanger les pois chiches, la grenade, les segments de citron vert en brunoise, la menthe ciselée, la mélasse de grenade, le mélange oignon et épices, puis lier la préparation avec le houmous.

Haddock et caviar Sturia

160 g de haddock fumé
32 g de caviar Sturia

Trancher finement le haddock et réaliser une chiffonnade.
Placer 8 g de caviar Sturia sur chaque cuillère en nacre.

Gel menthe

½ botte de menthe fraîche ciselée
100 ml d'eau
1 g d'agar-agar
2 g de sucre

Mélanger tous les ingrédients et porter à ébullition. Mixer au blender et passer au tamis fin. Faire prendre la gelée au frais.
Mixer à nouveau au blender et passer au tamis fin.

CEVICHE DE BAR, GUACAMOLE ET GEL GOYAVE AUX AGRUMES, SORBET JALAPEÑO ET CHIPS DE MAÏS

Mexique

Quand David Tavernier, cuisinier à l'Auberge de la Charme depuis 2017, commence à élaborer ce ceviche, il le dispose d'abord en couronne, avec un jus de piment jalapeño au centre, mais cette proposition s'avère trop forte et difficile à mettre en bouche. On reprend alors la partition des goûts et on en joue les notes sur un autre tempo : l'ensemble est adouci par l'utilisation du jalapeño en sorbet, associé à la texture crémeuse de l'avocat.
Toujours en quête de l'équilibre des goûts et des textures, Nicolas Isnard cherche alors la touche croustillante qui complétera l'harmonie de son plat. Il fouille du côté du Mexique dont il a à l'esprit les chips de maïs « qui font du bruit quand on les mâche ». C'est ainsi qu'il accommode les totopos à sa manière, avec une purée de gingembre.

Ceviche de bar, guacamole et gel goyave aux agrumes, sorbet jalapeño et chips de maïs

Pour 4 personnes

Chips de maïs

340 g de pulpe de maïs
75 g de jus d'orange
160 g de farine
20 g de purée de gingembre
6 g de sel fin
Huile de friture

Mixer tous les ingrédients. Étaler la pâte obtenue sur du papier cuisson et la déshydrater pendant 24 heures au four à 60 °C. À la main, briser des morceaux de chips déshydratées et les frire à 180 °C.

Ceviche

120 g de bar cru
1 c. à c. de jus de citron
1 c. à c. de vinaigre de calamansi
2 c. à c. d'huile d'olive vierge extra
4 branches de coriandre fraîche
Sel fin

Tailler le poisson en brunoise, puis l'assaisonner avec les autres ingrédients. Réserver au frais.

Gel goyave

200 g de jus de goyave
100 g de jus de citron
10 g de purée de gingembre
100 g de jus d'orange
5 g d'agar-agar

Faire bouillir tous les ingrédients dans une casserole, débarrasser, puis faire prendre au frais au moins 2 heures. Mixer la gelée obtenue au blender, puis passer au tamis fin. Réserver au frais.

Guacamole

2 avocats
3 branches de coriandre
3 c. à c. de jus de citron
Sel

Mixer l'avocat avec les branches de coriandre, le sel et le jus de citron. Réserver en poche à douille au frais.

Sorbet jalapeño

17 g d'eau
17 g de jus de citron
1,5 g de sucre
2 g de glucose sirop
0,002 g de Stab (facultatif)
1 g de piment jalapeño

Mixer tous les ingrédients au blender chauffant, puis porter à ébullition le liquide obtenu. Laisser refroidir 1 heure au frais, puis turbiner à la sorbetière.

Décoration

Poudre de citron noir
Fleurs comestibles cosmos bio

CRUDO DE LANGOUSTINES, TOMATES DE COLLECTION, THÉ AU FRUIT DE LA PASSION DAMMANN

Indonésie

À l'auberge de la Charme, les produits s'envisagent en fonction des saisons et les recettes se construisent avec bon sens.

Quand vient septembre et ses tomates à foison, on cherche mille façons de les mettre en valeur. Cette recette les marie à un produit noble : la langoustine.

En carpaccio, elle se juxtapose de façon nette sur la tomate et les deux crudités se répondent très naturellement.

Les tomates choisies sont des green zebra, des noires de Crimée et des cœurs-de-bœuf cultivées au Potager des Ducs à Dijon. Elles sont « fatiguées » au four à basse température, puis infusées dans une vinaigrette à base de thé aux fruits de la passion de chez Dammann Frères.

Un fruit de la passion frais (*chanh leo* en vietnamien), puisé dans le répertoire culinaire vietnamien, équilibre de son acidité le sucré de la tomate. Cette empreinte aigre-douce est présente dans de nombreuses créations de l'Auberge de la Charme, en filigrane ou en note de tête.

Crudo de langoustines, tomates de collection, thé au fruit de la passion Dammann

Pour 4 personnes

Tomate fatiguée

1 tomate green zebra
1 tomate noire de Crimée
1 tomate cœur-de-bœuf
1 tomate ananas
1 fruit de la passion frais
5 g de sucre muscovado
Le zeste d'un citron vert
30 ml de jus de citron
Huile d'olive
Sel

Monder les tomates dans l'eau bouillante, puis les rafraîchir dans l'eau glacée. Retirer la peau, puis le pédoncule. Garder toutes les parures et le pédoncule. Tailler chaque tomate en quatre, puis épépiner. Réserver le jus et les pépins. Dans un cul-de-poule, mélanger le sucre muscovado, le sel, le fruit de la passion, les zestes et le jus de citron, puis ajouter l'huile d'olive. Sur une plaque, disposer les quartiers de tomates, les assaisonner de vinaigrette. Enfourner 4 minutes à 160 °C et laisser reposer. Dans 4 emporte-pièces, disposer en rosace des quartiers de chaque variété de tomate. Réserver au frais.

Langoustines

6 langoustines moyennes

Décortiquer et châtrer les langoustines : retirer le boyau noir central. Les tailler en 2 dans la longueur. Remplir complètement un sac avec les demi-langoustines, en les rangeant toutes dans le même sens, et mettre sous vide. À l'aide d'un rouleau à pâtisserie, casser les fibres des langoustines en tapant sur le sac, jusqu'à obtenir une épaisseur de 2 mm. Placer au congélateur et laisser prendre. À l'aide de l'emporte-pièce ayant servi pour les tomates, découper des disques de langoustines congelées et les placer par-dessus les rosaces de tomate

Vinaigrette

50 ml d'eau de tomate (eau des tomates réservée)
20 ml de jus de fruit de la passion
12 g de sel
8 g de sucre muscovado
15 ml de jus de citron

Mélanger tous les ingrédients.

Gel thé Dammann

1 g de thé Dammann « Miss Dammann »
30 ml d'eau
4 g de sucre
10 ml de jus de fruit de la passion
1 g d'agar-agar
Sel

Infuser le thé 10 minutes dans l'eau à 70 °C. Mélanger les ingrédients et porter à ébullition pour réaliser une gelée. Faire prendre au frais. Mixer la gelée froide au blender, puis la passer au tamis fin.

Gelée au thé vert Dammann

40 ml d'eau
1 g de thé Dammann « Miss Dammann »
5 g de sucre
10 ml de jus de fruit de la passion
Sel
1/2 feuille de gélatine qualité or

Infuser le thé 10 minutes dans l'eau à 70 °C. Ramollir la gélatine dans l'eau froide. Porter l'infusion, le sucre, le jus et le sel à ébullition. Passer au chinois et faire prendre au frais.

Huile de thé Dammann

100 ml d'huile neutre
5 g de thé Dammann « Miss Dammann »

Infuser le thé 15 minutes dans l'huile à 70 °C, puis passer au tamis fin.

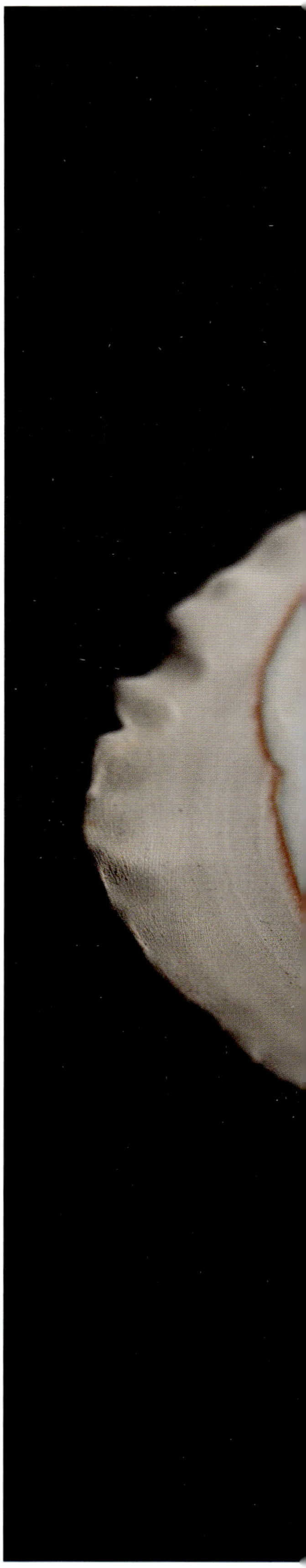

TARTARE D'HUÎTRES COCOLLOS, MOUTABAL ET CAVIAR STURIA

Liban

Ce plat a agi comme une madeleine de Proust pour un client de l'Auberge de la Charme, originaire du Liban, ému aux larmes lors de sa dégustation...
Le moutabal est un caviar d'aubergines libanais, condimenté d'ail et de purée de sésame. La peau des aubergines est cuite au gril jusqu'à être brûlée pour qu'on puisse la détacher et récupérer une chair au goût bien fumé.
Le sésame, plante oléagineuse d'origine indienne, est ici remplacé par une épice du Moyen-Orient, le cumin.
L'huître, fournie par Jacques Cocollos, ami de Nicolas Isnard, est une Marennes Oléron n° 2, suffisamment charnue pour être tranchée en tartare ; elle part donc rencontrer le Moyen-Orient.
La purée de sésame de la recette libanaise est remplacée par le labneh au cumin dont la tenue rappelle celle d'un flan au yaourt.
Le caviar, bien que français (Sturia est éleveur et producteur girondin d'un caviar de qualité), est aussi un clin d'œil au Moyen-Orient où l'esturgeon est notamment présent dans la partie iranienne de la mer Caspienne. Enfin, l'acidité est soutenue par cette même double inspiration, française et moyen-orientale, avec des pickles d'oignons rouges et du citron noir.
Un équilibre de saveurs fumées, iodées et épicées qui illustre parfaitement l'amour de Nicolas Isnard pour le métissage des goûts et les produits qui voyagent.

Tartare d'huîtres Cocollos, moutabal et caviar Sturia

Pour 4 personnes

Moutabal

2 aubergines
Huile d'olive
Sel fin
100 g de fromage blanc
Jus de citron
Cumin en poudre

Brûler les aubergines à la flamme jusqu'à cuisson complète. Récupérer la chair cuite et la concasser au couteau. Mélanger la purée d'aubergines au fromage blanc et assaisonner avec les autres ingrédients.

Tartare d'huîtres

200 g de pousses d'épinards frais
8 huîtres n° 2 Jacques Cocollos
1 échalote moyenne
Jus de citron
Vinaigre de calamansi
Huile d'olive vierge extra

Laver les épinards et les essorer. Cuire les épinards à sec sous la salamandre ou, à défaut, sous le gril doux, jusqu'à ce que les feuilles se ramollissent, puis les presser directement pour en extraire toute l'humidité. Hacher les feuilles pressées.
Hacher les huîtres au couteau, ciseler l'échalote.
Mélanger le tartare d'huîtres avec les épinards hachés, puis assaisonner avec les autres ingrédients.

Fromage blanc au cumin

150 g de fromage blanc
Sel fin
Cumin en poudre
Jus de citron
1 feuille de gélatine qualité or

Mélanger tous les ingrédients (sauf la gélatine) au fouet. Faire ramollir la gélatine dans de l'eau froide, puis la fondre à sec dans une casserole. La mélanger à la préparation. Couler le mélange au fond des assiettes et faire prendre au frais.

Gel citron

20 g d'eau
20 g de jus de citron
1 pointe de couteau (0,4 g) de sucre
1 pointe de couteau (0,4 g) d'agar-agar

Porter l'ensemble des ingrédients à ébullition. Laisser refroidir et faire prendre la gelée au frais. La mixer au blender, puis la passer au tamis.

Garniture

20 g de caviar oscietre Sturia
Feuille d'or
Pickles d'oignon rouge
Fleurs de bleuet
Micropousses

ROSE D'ASPERGES VERTES ET RHUBARBE, CAVIAR STURIA

France

À quelle sauce l'asperge va-t-elle être mangée ? Une mayonnaise ? Une hollandaise ? Ce sera finalement une sauce Choron, pour la fraîcheur que lui confèrent les tomates. L'assemblage des saveurs se construit ensuite par un subtil jeu de concordance et de complémentarité : l'amertume des asperges, la fraîcheur de la sauce Choron et la note embeurrée du caviar Sturia. À ce stade, il manque néanmoins l'acidité, indissociable de la cuisine de Nicolas Isnard. La rhubarbe apparaît comme une évidence, pour son croquant, son goût acidulé et sa couleur rose qui rappelle les nuances de la sauce Choron. Une recette qui joue la saisonnalité jusque dans ses couleurs.

Rose d'asperges vertes et rhubarbe, caviar Sturia

Pour 4 personnes

Rose d'asperges

4 asperges vertes
1 branche de rhubarbe (bien rouge)
Sel fin
Huile d'olive vierge extra

Couper la base des asperges et peler le bas après avoir retiré les petites feuilles présentes. Les cuire 6 à 8 minutes à l'eau bouillante salée.
À l'aide d'un économe, détailler des bandes d'asperges ainsi que des pétales de rhubarbe.
Égaliser la longueur des bandes d'asperges, puis les assaisonner.
Pour chaque asperge, intercaler les bandes d'asperges et les pétales de rhubarbe, puis rouler pour former une rose.

Asperges et caviar Sturia

4 asperges vertes moyennes de Didier Ferreint à Mallemort
Huile d'olive vierge extra
Sel fin
32 g de caviar Sturia

Couper la base des asperges et les faire cuire 6 à 8 minutes à l'eau bouillante salée.
Ménager une « assise » sur chaque asperge, les assaisonner et installer le caviar harmonieusement.

Sauce Choron

3 jaunes d'œuf
30 ml de jus de citron
140 g de beurre

Pour clarifier le beurre, le faire fondre à feu très doux sans remuer, retirer l'écume blanche, puis verser délicatement de telle sorte que le petit-lait reste au fond de la casserole.
Réaliser un sabayon : verser les jaunes d'œufs dans un saladier. Ajouter le jus de citron et une pointe d'eau. Fouetter légèrement. Faire cuire au bain-marie pendant une dizaine de minutes, en remuant constamment. La préparation doit épaissir et devenir onctueuse. Monter au beurre clarifié.

TARTHAÏ DE GAMBAS

Thaïlande

Élaboré à l'origine en collaboration avec les thés Dammann Frères, le Tarthaï de gambas est agrémenté par les notes fraîches et puissantes de la gastronomie thaïlandaise, inspiration essentielle de la cuisine de Nicolas Isnard.
La base est composée de coriandre, menthe, ail et gingembre finement hachés dont la fraîcheur résonne avec les notes tanniques du thé, travaillé ici en gelée, elle-même concassée en petits morceaux croquants.
Les saveurs se répondent et se contrebalancent : les agrumes et le caractère épicé du gingembre rééquilibrent l'amertume du thé. Les textures s'associent et se coordonnent aussi dans cette recette dont l'appétence est aussi visuelle que gustative.

Tarthaï de gambas

Pour 4 personnes

Caviar d'aubergine

1 aubergine
½ botte de coriandre fraîche
30 g de tahini (pâte de sésame)
2 gousses d'ail
20 ml de jus de citron
20 g de cumin
Sel fin

Laver l'aubergine. En couper l'extrémité, la tailler dans la longueur, puis quadriller la chair à l'aide d'un couteau d'office. Assaisonner, puis enfourner 30 à 40 minutes à 180 °C.
Ciseler la coriandre et hacher l'ail.
Hacher l'aubergine grossièrement au couteau.
Dans un cul-de-poule, ajouter l'aubergine, la coriandre ciselée, le tahini, l'ail haché, le cumin, le jus de citron et le sel. Mélanger, rectifier l'assaisonnement, puis réserver au frais.

Gel et gelée au thé

Base

300 ml d'eau
30 g de sucre
2 gousses de cardamome
1 bâton de cannelle
1 clou de girofle
1 étoile de badiane
1 orange (zeste)
40 ml de jus de citron
5 g de thé vert Dammann

Dans une casserole, réaliser une décoction en mettant dans l'eau froide la cannelle, le clou de girofle, la badiane, le zeste d'orange prélevé, la cardamome, le sucre et le jus de citron.
Porter à ébullition pendant 3 minutes, puis filtrer.
Ajouter le thé et laisser infuser 15 minutes hors du feu, en couvrant à l'aide de film alimentaire ou d'un couvercle.
Filtrer à nouveau et réserver le thé.
La base est le liquide récupéré.

Gel

270 ml de base (170 + 100 ml)
1/3 de c. à c. (2,5 g) d'agar-agar

Dans une casserole, ajouter 170 ml de base ainsi que l'agar-agar, porter à ébullition pendant 2 minutes, puis couler la préparation dans un plat. Réserver au réfrigérateur.

Une fois l'appareil pris, le mixer avec l'autre partie de base (100 ml restants). L'appareil doit être lisse et brillant.

Gelée

270 ml de base
2,5 feuilles de gélatine qualité or

Faire ramollir les feuilles de gélatine dans de l'eau froide. Les ajouter ensuite dans la base chaude et remuer jusqu'à dissolution totale. Couler la gelée dans une petite boîte carrée pour pouvoir réaliser des cubes.
Réserver au frais 2 à 3 heures. Une fois la gelée prise, détailler des cubes réguliers de 7 mm environ.
Séparer en deux la quantité de cubes de gelée : une partie pour le tartare, une autre pour le décor.

Tartare de gambas

12 gambas calibre 16/20
1 pamplemousse
1 orange
¼ de botte de coriandre fraîche
10 ml de vinaigre de calamansi
20 ml d'huile d'olive vierge extra
10 ml de jus de citron
Thé (récupérer le thé utilisé pour la base de gel et gelée)
Sel fin
Cubes de gelée

Laver la coriandre et les agrumes.
Dans une casserole, faire bouillir de l'eau, cardinaliser les gambas (cuire jusqu'à ce qu'elles deviennent roses), puis les rafraîchir.
Peler à vif le pamplemousse et l'orange et prélever les segments. Les tailler en macédoine.
Décortiquer les gambas et les tailler en biseau.
Ciseler finement la coriandre et hacher le thé.
Dans un petit saladier, mélanger tous les ingrédients, rectifier l'assaisonnement, puis dresser.

Garniture

Shiso pourpre

KEBBEH À LA SÉTOISE

Liban et France

Le kebbeh à la sétoise est une recette écrite de part et d'autre de la Méditerranée, de la ville de Sète à la Syrie, à la croisée de ces origines qu'elle célèbre. Dans l'équipe de l'Auberge de la Charme, Mohamed, chef syrien, cuisine de merveilleux kebbeh, boulettes syriennes ou libanaises, ovales, croustillantes, farcies de boulgour, de bœuf et d'oignons.
Depuis qu'il a goûté au kebbeh de Mohamed Veroo, Nicolas Isnard n'a eu de cesse d'en composer une interprétation « à la française ».
En explorant ses références méditerranéennes, il s'est arrêté sur la tielle, cette tarte dont la pâte se referme sur une bolognaise de poulpe, tomatée et légèrement safranée. La tielle, recette emblématique de Sète, ville où Nicolas Isnard a longtemps vécu et où sa fille est née.
Il confectionne sa sauce sétoise avec de l'oignon, de l'ail, des épices à paella, du safran, de la tomate, de la seiche à la place du poulpe, et une base de soupe de poisson, d'aïoli et de rouille pour une texture finale assez épaisse.
La base au boulgour de la farce du kebbeh est conservée, mais elle est colorée par l'encre de seiche qui apporte de la salinité et une note marine.
Le kebbeh se referme sur la farce sétoise. Il est ensuite posé sur une pomme de terre confite au safran et décoré d'une jolie tuile à l'encre de seiche.

Kebbeh à la sétoise

Pour 4 personnes

Palets de pomme de terre

4 pommes de terre (Mona Lisa)
250 g de soupe de poisson de roche
250 ml d'eau
2 branches de thym
½ branche de romarin
1 gousse d'ail écrasée

Tailler les pommes de terre en tranches de 1 cm, puis détailler chacune en forme de goutte d'eau à l'aide d'un emporte-pièce. Réserver les parures. Dans un sautoir, cuire les palets avec les autres ingrédients, jusqu'à obtenir une texture fondante.

Pâte à kebbeh (pour 25 portions)

1 kg de boulgour
50 g de sel fin
75 g d'oignon jaune
20 g de mélange 7 épices en poudre
20 g de paprika en poudre
20 g de cumin en poudre
15 g de cannelle en poudre
700 g de viande de bœuf hachée
Encre de seiche
1 l d'huile de friture

Il est préférable de réaliser cette préparation en quantité, et elle se conserve très bien congelée. Dans un contenant en plastique, faire tremper le boulgour 1 heure avec de l'eau à hauteur, puis le presser dans un linge.
Passer tous les ingrédients 4 fois au hachoir à viande (grille fine) et bien mélanger entre chaque passage afin d'obtenir une pâte homogène.
Former 4 boules avec la pâte à kebbeh et les façonner en forme de cône.
Farcir les cônes, puis les fermer en leur donnant une forme de ballon de rugby.
Frire les kebbeh à 180 °C pendant environ 5 minutes.
Égoutter sur un papier absorbant et assaisonner de sel fin.

Farce

150 g de seiche
Huile d'olive
1 oignon
6 gousses d'ail
2 carottes
Épices Spigol
Safran
1 c. à s. de concentré de tomates
100 ml de vin blanc (muscat)
600 g de soupe de poisson

Hacher la seiche au hachoir (grille moyenne). Ciseler l'oignon, hacher l'ail et tailler la carotte en brunoise. Dans un sautoir bien chaud avec de l'huile d'olive, faire sauter la seiche, l'égoutter et conserver son jus de cuisson. Ajouter les légumes jusqu'à légère coloration, puis les épices et le concentré de tomates (comme pour une bolognaise).
Déglacer avec le vin blanc et réduire à sec, puis mouiller avec l'eau de végétation de la seiche.
Ajouter la seiche cuite et la soupe de poisson.
Laisser mijoter jusqu'à ce que le gras remonte à la surface de la préparation.

Aïoli

150 g environ de parures de pommes de terre (les chutes des palets)
1 jaune d'œuf
1 c. à s. de moutarde de Dijon
2 gousses d'ail hachées
Sel fin
2 pistils (0,5 g) de safran
250 g d'huile d'olive vierge extra

Faire cuire les pommes de terre dans de l'eau salée (départ à froid), puis les écraser au tamis, à chaud. Monter la pulpe de pommes de terre comme une mayonnaise : ajouter le jaune d'œuf, la moutarde, l'ail haché et le safran, mélanger et ajouter l'huile progressivement, sans cesser de remuer.

Sauce sétoise

500 g de soupe de poisson de roche
125 g d'aïoli
Sel fin

Faire bouillir la soupe, puis la lier hors du feu avec l'aïoli, servir chaud.

Tuile à l'encre de seiche

10 g de blanc d'œuf
8 g de farine T55
5 g de beurre fondu
1 g d'encre de seiche
Sel fin

Mélanger tous les ingrédients au fouet, puis étaler sur un moule en silicone avec les formes choisies, et enfourner 8 minutes à 180 °C.

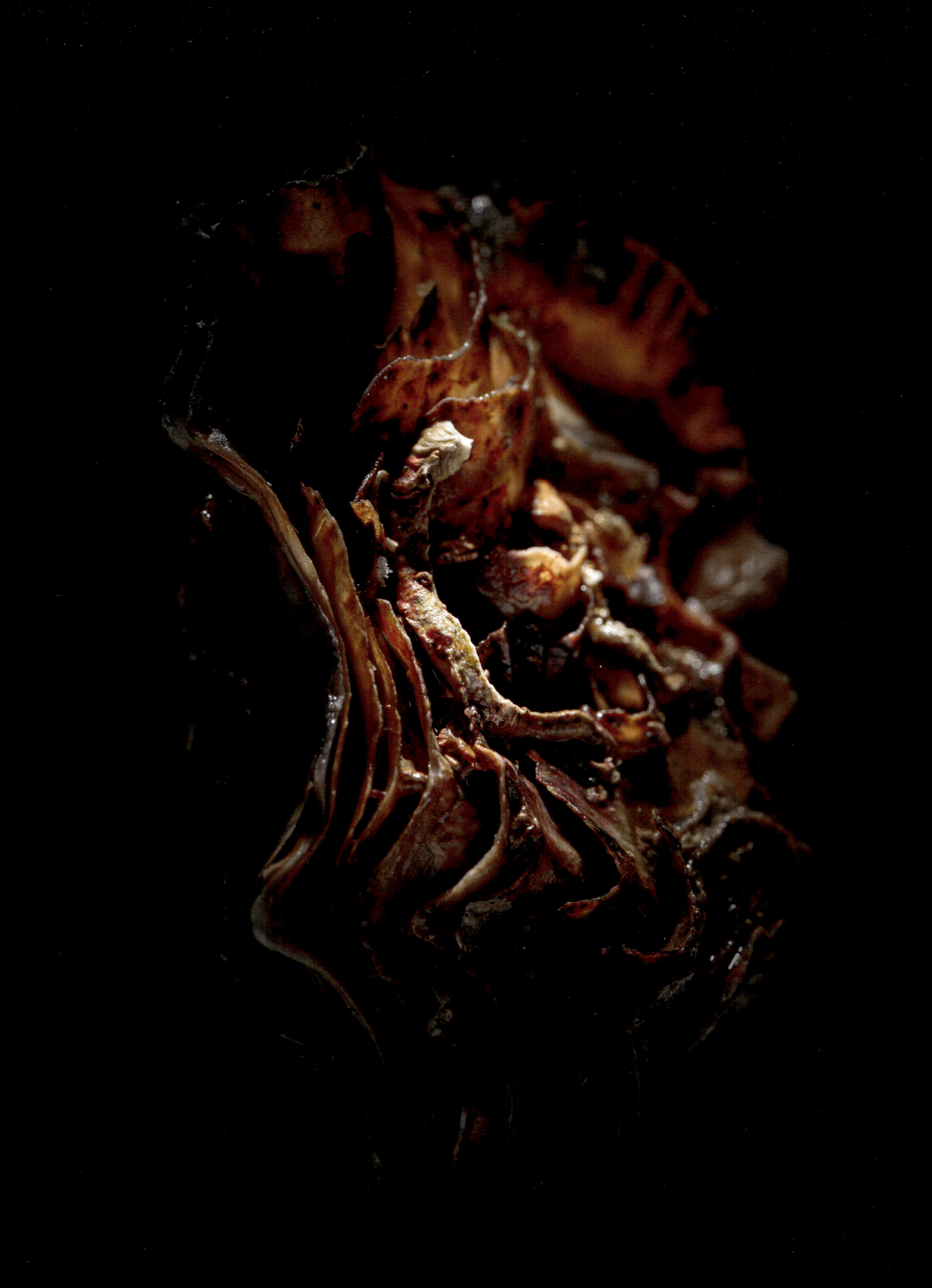

HUÎTRE À L'ÉPOISSES, NOISETTE ET KATSUOBUSHI

France

Cette recette est née sur un marché, à Dijon.
Il est 5 heures du matin, Nicolas Isnard a faim. Le fromager lui tend un morceau d'époisses, fromage bourguignon s'il en est, à pâte molle et à croûte lavée, sacré « roi des fromages » par le gastronome et écrivain Brillat-Savarin. Tout en léchant sur ses doigts les dernières traces de l'époisses, Nicolas rejoint David Le Comte chez le poissonnier où quelques huîtres ouvertes l'attendent. Le télescopage de l'iode de l'huître et du crémeux charpenté du fromage est une révélation, une épiphanie ! Nicolas invite aussitôt son complice à faire l'expérience. David confirme : l'association fonctionne à merveille. La recette de l'huître à l'époisses est née !
Les deux chefs testent différentes versions, pour aboutir au plat emblématique qu'ils servent aujourd'hui à l'Auberge de la Charme. Ils ont ajouté le croquant raffiné de la noisette, et des pickles d'oignons pour remplacer l'acidité traditionnellement apportée par le vinaigre.
Et pour parfaire la recette avec une touche asiatique, ils lui ont adjoint la saveur umami de quelques copeaux de katsuobushi, des flocons de bonite séchée, fermentée et fumée.

Huître à l'époisses, noisette et katsuobushi

Pour 4 personnes

Pickles d'oignons rouges

200 g d'oignons rouges
20 ml d'huile d'olive vierge extra
80 ml de vinaigre balsamique blanc

Éplucher les oignons rouges et les tailler en gros quartiers (en suivant le sens des fibres de l'oignon).
Dans un sautoir, faire chauffer les oignons dans l'huile et déglacer avec le vinaigre. Porter à ébullition, retirer aussitôt du feu et laisser refroidir une quinzaine de minutes.
Conserver au frais, puis mettre sous vide avec le jus de cuisson durant au moins 24 heures.

Huîtres

8 huîtres Sorlut n° 2

Ouvrir et nettoyer les huîtres, puis les mettre dans une casserole avec leur eau filtrée. Chauffer pendant 30 secondes (sans dépasser 50 °C).

Sauce époisses

130 ml de crème liquide
65 g d'époisses AOP
2 ml de cognac
Fécule de pomme de terre
Sel fin (si besoin)

Faire fondre l'époisses dans les liquides à feu doux et faire légèrement réduire. si besoin, lier à la fécule diluée dans un peu d'eau. Mixer au blender et passer au tamis fin.

Rondelles d'oignons rouges

1 oignon rouge grelot (moyen)
20 g de vinaigre balsamique blanc

Trancher 4 lamelles très fines (0,5 mm) d'oignon rouge et les mariner à cru dans le vinaigre pendant 2 minutes.

Garniture

4 grosses pincées de katsuobushi (bonite séchée)
4 c. à s. de noisettes torréfiées et concassées grossièrement
12 petites feuilles de capucine

HOMARD, MAÏS, POMELO THAÏ, PESTO MENTHE, CORIANDRE

Thaïlande

Nicolas Isnard a créé cette recette dans le nord de la Thaïlande, à Chiang Mai, où il avait un restaurant. Il y a élaboré de nombreux plats dont la base était le maïs, produit local et très populaire à Chiang Mai.
Cette recette a voyagé de la Thaïlande à la France et vice versa, se nourrissant des allers-retours entre ces deux pays essentiels à la cuisine du chef.
Les produits de la mer sont français, avec le homard breton de chez Axel Métreau, poissonnier dijonnais fournisseur de l'Auberge de la Charme, et le caviar girondin Sturia.
On choisit le homard bleu breton pour son goût iodé plus typé que les autres, et on associe sa texture à celles de la mâche et du pomelo, pour leur densité commune.
À la cuisine thaïlandaise on emprunte les pomelos, ou *Citrus maxima* ou encore *Citrus grandis*, imposants agrumes charnus ressemblant à de grosses gouttes lourdes et croquantes, et la coriandre, dont les feuilles dentelées, au goût très particulier, sont travaillées en pesto, avec de la menthe.
Les saveurs se complètent, les textures se répondent et le vert herbacé du pesto rehausse l'ensemble du plat.

Homard, maïs, pomelo thaï, pesto menthe, coriandre

Pour 4 personnes

Homard

4 homards bretons (600 g pièce)
1 oignon
2 gousses d'ail
1 carotte
¼ de poireau
Sciure de pommier

Réaliser un court-bouillon : porter à ébullition une grande casserole d'eau salée, avec l'ail écrasé, l'oignon, le poireau et la carotte. Laisser frémir 20 minutes, puis y blanchir le homard 3 minutes. Refroidir dans l'eau glacée.
Sur une plaque avec une cloche, fumer pendant 4 minutes les queues de homard à l'aide d'une pipe à fumer et de la sciure de pommier.

Purée de maïs

70 g de maïs cuit
30 ml de crème liquide
10 ml de jus de pamplemousse rose

Dans un blender chauffant à 80 °C, mixer le maïs cuit avec la crème chaude et le jus de pamplemousse. Rectifier l'assaisonnement et passer la purée au tamis.

Pesto de coriandre et menthe

¼ de botte de menthe fraîche
¼ de botte de coriandre fraîche
25 g de pignons de pin (non toastés)
½ citron jaune (zeste)
70 ml d'huile d'olive
Sel fin

Dans un blender, mixer tous les ingrédients jusqu'à obtenir une texture bien lisse, puis passer au tamis.

Salade de maïs et pomelo thaï

1 pomelo thaï
Pattes et pinces de homard cuit, décortiquées
½ échalote
120 g de maïs cuit
8 feuilles de menthe fraîche
4 branches de coriandre fraîche
Sel fin
Huile d'olive vierge extra

Tailler les pattes et les pinces de homard en dés.
Peler le pomelo à vif et y prélever les segments, puis retailler ceux-ci en dés.
Ciseler les herbes et l'échalote.
Mélanger tous les éléments et assaisonner.

Garniture

Citron caviar
Micropousses

CABILLAUD, CAROTTES, ORANGE ET KUMQUAT

Maroc

Cette recette colorée, camaïeu d'orange et de teintes acidulées vous emmène au Maroc, place Jemaâ El Fna.
Le cumin et la carotte renvoient à une ambiance olfactive typique du Maroc, à laquelle s'ajoutent la fraîcheur instantanée des agrumes pressés et celle plus nuancée des agrumes saupoudrés sur le cabillaud.
L'acidité de la recette est accentuée par le kumquat, agrume originaire d'Extrême-Orient, qui est à la fois confit et travaillé en gel avec un vinaigre de calamansi.
Comme pour de nombreuses recettes de Nicolas Isnard, les ingrédients proviennent d'horizons très variés, mais participent à créer une impression gustative d'ensemble marocaine. En goûtant ce cabillaud, il suffit de fermer les yeux pour se retrouver sur la célèbre place marocaine.

Cabillaud, carottes, orange et kumquat

Pour 4 personnes

Poudre d'agrumes

Écorces d'agrumes divers

Récupérer les écorces (sans le zist) des agrumes utilisés dans la recette et les déshydrater au four à 60 °C pendant environ 4 heures. Les mixer en poudre.

Cabillaud

320 g de dos de cabillaud skrei
Gros sel
Huile d'olive
Sel fin

Faire saumurer le cabillaud 8 minutes dans le gros sel, puis le dessaler 1 minute sous l'eau claire.
Le découper en 4 portions égales et les déposer sur plaque avec de l'huile d'olive et du sel fin.
Enfourner environ 10 minutes à 40 °C.

Carotte rôtie

2 carottes des sables
Huile d'olive
Sel fin
20 g de beurre
80 g de jus d'orange

Bien laver les carottes, les placer sur une plaque avec de l'huile d'olive et du sel, puis les rôtir au four à 160 °C pendant 25 minutes.
Les laisser refroidir, puis les tailler dans la longueur.
Dans un sautoir, les glacer avec du beurre et du jus d'orange. Réserver au chaud.

Kumquats confits et gel

4 kumquats
5 g de sucre
25 g de jus de citron
15 g de vinaigre de calamansi

Tailler les kumquats en deux dans la longueur.
Les placer dans un sautoir, faire fondre le sucre, mouiller à hauteur de jus de citron et de vinaigre et cuire 5 minutes à couvert.
Retirer du feu et laisser tirer 5 minutes de plus, toujours à couvert.
À froid, retirer la pulpe des kumquats cuits et la mixer, puis passer au tamis afin d'obtenir un gel.
Réserver les écorces confites.

Sauce

200 g de soupe de poisson (faite maison)
25 g de sucre
20 g de vinaigre de calamansi
10 g de jus de citron
25 g de jus d'agrumes divers

Dans un sautoir, faire fondre le sucre (sans coloration), déglacer avec le jus de citron, le vinaigre et le jus d'agrumes, puis laisser réduire de moitié.
Ajouter la soupe de poisson et laisser réduire jusqu'à obtenir une texture nappante, puis passer au chinois.

Décoration

Tranches de kumquats crus
Micropousses

ROUGET, SAFRAN ET AUBERGINES

Thaïlande

Le point de départ, c'est la sauce au safran.
Elle est travaillée comme la base d'un curry de Madras que Nicolas Isnard réinterprète en remplaçant le curry par le safran. Cette épice précieuse, seule à être issue d'une fleur – le crocus –, est si convoitée qu'on la nomme « l'or rouge ». Crémé, le safran apporte ici une note douce et parfumée, très différente de la note puissante du curry.
En plus des raisins secs, Nicolas Isnard ajoute des abricots secs, et il accorde la Granny Smith à l'aubergine dont la chair, crue et fraîchement coupée, sent subtilement la pomme. Cette association du fruit frais et des fruits secs crée un équilibre entre sucrosité et acidité. L'ensemble est compoté « à l'asiatique », avec du vinaigre de riz ainsi que de la sauce soja salée et sucrée, puis déglacé au jus de pommes pour affirmer en bouche l'inspiration initiale.
Quant aux grains de riz soufflé safrané, ils viennent, comme des écailles, accentuer le croustillant de la peau du poisson.

Rouget, safran et aubergines

Pour 4 personnes

Aubergines confites

2 aubergines
100 ml de vinaigre de riz noir
66 ml d'eau
33 ml de sauce soja salée
Huile de sésame grillé
1 petite aubergine thaïe (longue)

Tailler les aubergines en rondelles de 2 cm d'épaisseur et les frire à 180 °C à la friteuse, jusqu'à coloration brune. Placer les rondelles frites dans un sautoir avec le vinaigre, l'eau et la sauce soja et laisser mijoter à feu doux jusqu'à ce qu'elles se gorgent des liquides.
Égoutter sur une grille (conserver la sauce de cuisson pour une prochaine utilisation), puis retirer la peau des rondelles.
Cuire la petite aubergine thaïe selon le même procédé, puis la détailler en rondelles qui seront disposées au centre de l'assiette.

Rouget

4 filets de rougets (200 à 300 g)
Huile d'olive vierge extra
Fleur de sel au safran

Saler à la fleur de sel les filets de rougets sur chaque face et les cuire sous la salamandre ou sous le gril pendant environ 4 minutes.
Placer le filet cuit sur l'aubergine cuite.

Compote de pommes

1 pomme Granny Smith

Éplucher et épépiner la pomme. La mettre en boîte plastique filmée et cuire 4 à 5 minutes au micro-ondes (puissance maximum). Laisser reposer 2 minutes et passer la pulpe cuite au tamis.
Mettre en poche à douille.
Former un gros point de compote sur l'aubergine centrale, sur le filet de rouget ainsi que dans le cône de pomme crue.

Sauce safran

25 g de beurre doux
30 g d'oignons jaunes émincés
30 g d'échalotes émincées
37 g d'ail écrasé
35 g d'abricots secs
14 g de raisins secs de Corinthe
3 g de pistils de safran
100 ml de vinaigre de cidre
100 ml de jus d'orange
500 g de soupe de poisson
67 g de compote de pommes

À feu vif, faire suer au beurre l'oignon, l'échalote et l'ail, sans coloration, afin d'extraire toute l'humidité des ingrédients.
Ajouter les fruits secs (toujours sans coloration), puis le safran, le vinaigre de cidre et le jus d'orange.
Faire réduire de moitié.
Ajouter un tiers de la soupe de poisson et cuire à gros bouillons pendant 5 minutes.
Ajouter la compote de pommes et les deux tiers restants de soupe de poisson, puis stopper la cuisson à la première ébullition.
Mixer la sauce au blender pendant 3 à 4 minutes, puis passer au tamis fin.
Servir la sauce chaude en saucière à part.

Riz safrané

12 g de riz basmati
½ pointe de safran en poudre
Sel fin
Huile de friture

Faire surcuire le riz pendant 40 minutes. Lorsqu'il est archicuit, l'égoutter, puis l'assaisonner de safran et de sel.
L'étaler sur une plaque à four et le désyhdrater durant 3 heures à 80 °C.
Dans une friteuse, le frire ensuite quelques seondes à 180 °C.

Décoration

4 rondelles de pomme Granny Smith crues
2 pickles d'oignon grelot rouge
Riz soufflé safrané
Fleurs de pommier
Shiso vert

LAKSA DE LIEU JAUNE, COMME UNE SOUPE INDONÉSIENNE, CHIPS DE YUBA

Singapour

Partis trois semaines en Asie pour cuisiner plusieurs réceptions exceptionnelles en Chine, à Macao et à Hong Kong, Nicolas Isnard et David Tavernier dînent un soir au Caprice, chez le chef Guillaume Gaillot. Le laksa de homard, l'un des plats signatures du chef triplement étoilé, subjugue David Tavernier.

Le laksa est une soupe de curry à base de noix de coco, créée par les immigrés chinois en Malaisie au XVe siècle.

Le laksa de Guillaume Gaillot possède une note gourmande et délicieusement grasse qui n'existe pas dans la recette traditionnelle. C'est elle qui surprend et inspire David Tavernier.

Pour sa propre interprétation de ce laksa, il fait appel à une autre inspiration asiatique, originaire de Chine : le yuba, la peau de lait de soja, utilisée initialement par les moines bouddhistes chinois comme « viande végétale », aux vertus nutritives et savoureuses.

Il le transforme en fine chips aérienne qui équilibre le plat d'un croquant raffiné.

Laksa de lieu jaune, comme une soupe indonésienne, chips de yuba

Pour 4 personnes

Gel mangue

60 g de purée de mangues
1 pointe de couteau (0,6 g) d'agar-agar

Porter la purée de mangues et l'agar-agar à ébullition dans une casserole. Laisser refroidir et faire prendre au frais. Mixer la gelée au mixeur à main, puis la passer au tamis fin.

Espuma laksa

1 bâton de citronnelle émincé
2 gousses d'ail épluchées et écrasées
½ oignon émincé
½ c. à s. de purée de gingembre
Huile de sésame grillé
1 c. à s. de pâte de curry jaune
¼ de bouquet de coriandre fraîche
¼ de bouquet de menthe fraîche (seulement les feuilles)
Sel fin
50 g de jus de citron
200 ml de lait de coco
200 ml de crème liquide

Dans une casserole, faire suer citronnelle, ail, oignon et gingembre avec l'huile de sésame, sans coloration. Ajouter la pâte de curry et la faire légèrement dorer, puis déglacer avec le jus de citron.
Mouiller au lait de coco, porter à ébullition, puis retirer du feu. Ajouter les herbes et laisser infuser 5 minutes.
Mixer l'ensemble au blender, passer au tamis fin (garder les résidus), puis ajouter la crème.

Chips de yuba

4 morceaux de yuba (peau de lait de soja)
Résidus de sauce

Faire déshydrater les résidus du passage de la sauce laksa au four à 60 °C pendant 24 heures, puis les réduire en poudre.
Saupoudrer les morceaux de yuba avec cette poudre.

Poisson

400 g de lieu jaune (4 portions)
Huile d'olive vierge extra
Sel fin

Enfourner 18 minutes à 51 °C le poisson assaisonné au sel et à l'huile.

Garniture

½ radis blue meat
8 pois mange-tout
12 noisettes toastées
4 c. à s. de pomelo thaï (égrené)
Huile de sésame grillé
Sel fin

Tailler le radis blue meat en julienne (bâtonnets) fine.
Tailler les pois mange-tout en julienne. Les blanchir dans de l'eau bouillante salée et rafraîchir dans un saladier d'eau glacée. Égoutter.
Mélanger les deux juliennes avec l'huile et le sel et les placer sur le poisson cuit.
Disposer les noisettes concassées grossièrement sur le côté.

Dressage

Micropousses de coriandre

Recouvrir la garniture zébrée de coulis mangue avec les micropousses de coriandre.
Servir l'espuma chaud.
Pocher quelques points de gel mangue sur les chips de yuba et placer les chips par-dessus la coriandre.

HOMARD BRETON, SALSIFIS, TAMARIN ET JUS CACAOTÉ

Vietnam

Cette recette s'élabore autour d'un produit et d'une cuisson, tous deux liés à l'hiver. Il y a d'abord l'impulsion du salsifis, légume racine que Nicolas Isnard souhaite remettre au goût du jour. Il apprécie sa note terreuse et sa ressemblance avec l'asperge selon la façon de le préparer.

Parallèlement, il y a une envie de civet revisité, où la viande est remplacée par le homard. Les échalotes sont confites avec du vinaigre balsamique et un peu de porto. Le jus de la carapace du homard se marie avec du vin rouge, et il est parfait avec un peu de chocolat, pour son gras, comme le veut la tradition.

Lorsqu'il conçoit ses recettes, Nicolas Isnard a toujours un goût d'Asie sur le bout de la langue. Cette fois-ci, il fait appel à la qualité hors pair du chocolat Maurou, artisan découvert à la faveur de ses nombreuses escapades au Vietnam.

Le gel au tamarin, fruit tropical à la pulpe acidulée, très présent dans la cuisine thaïlandaise, apporte, quant à lui, son acidité particulière.

L'identité française de ce civet de homard reste bien marquée, nuancée par des bonbons d'échalote confite qui lui offrent un peu de sucrosité et d'acidité, à la manière d'un condiment *sweet and sour*.

Homard breton, salsifis, tamarin et jus cacaoté

Pour 4 personnes

Salsifis

8 salsifis
1 citron vert
80 g de beurre
2 c. à. s. de grué de cacao
800 g de fond blanc de volaille
Cacao en poudre (non sucré)

Éplucher les salsifis et les frotter au citron vert. Les découper en segments de longueurs inégales. Dans un sautoir, faire glacer les salsifis avec le beurre, le grué de cacao et le fond blanc, jusqu'à ce qu'ils soient tendres, mais ils doivent rester fermes. Dresser verticalement les salsifis dans un cercle. Les saupoudrer de cacao en poudre, puis décercler au moment de servir.

Homard

4 homards bretons (600 g pièce)
1 oignon
2 gousses d'ail
1 carotte
¼ de poireau

Réaliser un court-bouillon : porter à ébullition une grande casserole d'eau salée avec l'ail écrasé, l'oignon, le poireau et la carotte. Laisser frémir 20 minutes, puis y blanchir chaque homard 3 minutes. Les refroidir dans l'eau glacée, puis les décortiquer.

Jus cacaoté

400 g de bisque de homard
20 g de grué de cacao
20 g de chocolat noir 82 %

Faire réduire tous les éléments jusqu'à texture sirupeuse, puis passer au chinois.

Gel tamarin

15 g de pulpe de tamarin
5 g de galanga frais
20 ml d'eau
1 pointe de couteau (0,4 g) d'agar-agar
1 pointe de couteau (0,4 g) de sucre

Mélanger tous les ingrédients et porter à ébullition. Faire prendre la gelée au frais. La mixer au blender afin de la rendre lisse, puis passer au tamis fin.

Échalotes confites

4 échalotes de taille moyenne
20 ml de sauce soja salée
20 ml de vinaigre de riz noir
20 ml de sauce soja sucrée
10 ml d'huile de sésame grillé
1 c. à c. de cacao en poudre non sucré

Dans un sautoir avec l'huile, faire légèrement colorer les échalotes épluchées. Mouiller avec les autres ingrédients et le cacao en poudre, puis laisser mijoter sur feu doux jusqu'à obtenir une texture fondante.

CABILLAUD BASSE TEMPÉRATURE, TARTARE VÉGÉTAL ET ESPUMA AUX ÉPICES SATAY

Indonésie

Les caractéristiques du satay ou sate sont souvent un peu confuses dans l'esprit de nombreux Occidentaux, et pour cause, puisque le terme recouvre plusieurs choses ! Le satay désigne à la fois un mélange d'épices de couleur rouge d'Asie du Sud-Est, utilisé comme condiment, un plat de brochettes de viandes, de poissons ou de légumes marinés dans une sauce assaisonnée aux épices satay, et enfin la sauce satay, à base de cacahuètes.

C'est celle-ci qui est travaillée ici en espuma, avec le cabillaud.

L'ambition de cette recette est de retrouver les marqueurs du laksa et de s'inscrire dans une forme de continuité, avec un trio gagnant : le gras de la sauce, la fraîcheur croquante végétale et le poisson.

La julienne de légumes est remplacée par un tartare de brocolis, avec des radis crus de couleurs variées, de la coriandre, du vinaigre de calamansi, du sésame grillé et beaucoup d'agrumes.

Cabillaud basse température, tartare végétal et espuma aux épices satay

Pour 4 personnes

Cabillaud

20 g de petits pois frais
240 g (net) de dos de cabillaud
Sel fin
Huile d'olive vierge extra
Fleur de sel
20 g de caviar Sturia

La veille, déshydrater 20 g de petits pois frais au four à 60 °C pendant 24 heures. Les réduire en poudre.
Préparer le dos de cabillaud (retirer la peau, les arêtes et les parties indésirables) et tailler 4 portions de 60 g chacune.
Sur une plaque huilée et salée, placer les portions de cabillaud, côté peau vers le haut, puis huiler et saler à nouveau.
Filmer la plaque et enfourner à 45 °C pendant environ 20 minutes.
Saupoudrer les portions de cabillaud cuites de poudre de petits pois.

Tartare

25 g de brocolis (cuit à l'anglaise)
25 g de mélange de radis de collection
25 g de segment d'agrumes frais (orange, pamplemousse)
2 branches de coriandre fraîche
Fleur de sel
Huile d'olive vierge extra

Au couteau, hacher le brocoli cuit, tailler en brunoise les radis et les segments d'agrumes, ciseler la coriandre finement.
Mélanger tous ces éléments et y ajouter de la fleur de sel ainsi que de l'huile d'olive.
Faire tiédir le tartare à la casserole pendant environ 2 minutes à 40 °C.
Dresser le tartare dans un cercle sur l'assiette.

Espuma satay

50 g d'oignons émincés
40 g d'ail épluché
3 branches de citronnelle
25 g de gingembre frais épluché et émincé
1 c. à s. de poudre d'épices satay
60 g de pâte de cacahuètes pure
200 g de soupe de poisson (faite maison)
100 g de crème liquide
Sel fin

Dans une casserole, faire suer (sans coloration) les oignons, l'ail, la citronnelle et le gingembre, afin d'extraire toute l'humidité. Ajouter les épices satay et la pâte de cacahuètes, puis bien faire compoter.
Ajouter la soupe de poisson et réduire d'un quart.
Crémer, porter à ébullition, puis mixer au blender et passer au chinois étamine.
Rectifier l'assaisonnement et mettre en siphon avec 2 cartouches. Maintenir au chaud à environ 50 °C.

Décoration

12 rondelles de radis de collection
12 feuilles de capucines

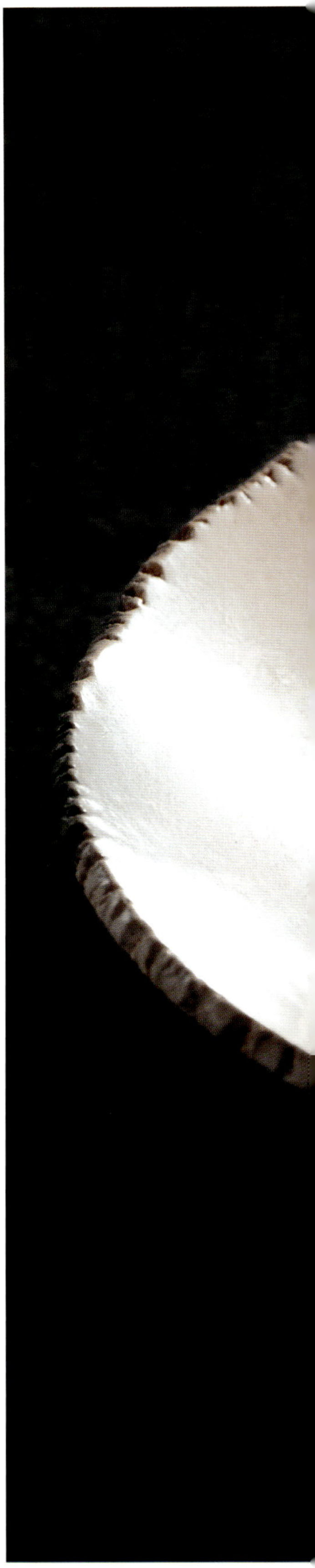

LES DOUCEURS

FRAMBOISE, LITCHI, SÉSAME NOIR, JASMIN ET CAVIAR STURIA

Thaïlande

Nicolas Isnard se rendait régulièrement en Chine lorsqu'il a créé cette recette. Elle est articulée autour de trois ingrédients typiques : le sésame, l'un des plus anciens oléagineux, aux vertus nutritives et diététiques exploitées par la gastronomie comme par la médecine chinoises. Les graines de sésame noir sont majoritairement cultivées en Chine et en Asie, tandis que les blanches proviennent, la plupart du temps, des pays d'Amérique du Sud. Souvent torréfiées, les graines de sésame noir sont appréciées, au-delà de leur aspect graphique et intrigant, pour leur goût subtil de noisette et leur texture croquante.

La chair blanche, juteuse et parfumée du fruit du *Litchi chisenis*, arbre originaire de Chine, est employée aussi bien dans des préparations salées que sucrées.

Quant au jasmin, à la saveur délicate et florale, il parfume le riz, le thé et de nombreux classiques de la gastronomie chinoise. Pour cette recette, en plus de s'accorder idéalement avec le sésame et le litchi, il répond, avec une subtile harmonie, au caviar Sturia sélectionné : le caviar Jasmin.

Framboise, litchi, sésame noir, jasmin et caviar Sturia

Pour 4 personnes

Glace sésame

250 ml de lait
25 ml de crème liquide
50 g de jaunes d'œuf
25 g de sucre
100 g de pâte de sésame noir

Faire chauffer le lait et la crème. Blanchir les jaunes d'œuf et le sucre, verser le lait chaud sur la préparation et remettre dans la casserole sur feu doux, jusqu'à ce que la crème nappe la cuillère.
Ajouter la pâte de sésame.
Réserver au frais 2 heures.
Mettre en sorbetière et turbiner au moment de servir.

Spoom jasmin

250 ml de crème liquide
250 ml de lait
100 g de jaunes d'œuf
100 g de sucre
2 feuilles de gélatine qualité or
Fleurs de jasmin

Faire chauffer le lait et la crème. Blanchir les jaunes d'œuf et le sucre, verser le lait chaud sur la préparation et remettre dans la casserole sur feu doux, jusqu'à ce que la crème nappe la cuillère.
Faire infuser le jasmin dans la crème chaude pendant 1 heure environ.
Ajouter la gélatine ramollie dans l'eau froide.
Laisser refroidir, passer au chinois, puis verser dans un siphon avec 2 cartouches de gaz.

Compotée de litchis

100 g de purée de litchis
3 g d'agar-agar
10 litchis frais

Porter la purée de litchis et l'agar-agar à ébullition. Faire prendre la gelée au frais. La mixer au blender afin de la rendre lisse, puis la passer au tamis fin. Éplucher et dénoyauter les litchis, puis les tailler en lanières. Les ajouter au gel litchi.

Écrasée de framboises

16 framboises fraîches

Écraser les framboises grossièrement à la fourchette.

Tuiles dentelle

150 ml d'eau
15 g de farine
40 g d'huile de sésame
50 g de graines de sésame mixées

Réaliser l'appareil à tuiles en mélangeant l'eau, la farine, l'huile de sésame et le sésame mixé.
Cuire à la poêle en déposant une cuillère de mélange par tuile.

Garniture

20 g de caviar Sturia
Fleurs de jasmin

FRAISE MELBA

France

En saison, Nicolas Isnard demande régulièrement à Dorian Fournier, le chef pâtissier de l'Auberge de la Charme, de proposer des fraises Melba, l'un de ses desserts de prédilection.
Le produit brut, la gariguette, est juteux et fondant. Si la fraise Melba classique peut être considérée une préparation un peu simple, grâce à une délicieuse ganache montée, Dorian apporte la subtilité qui manquait au dessert d'origine, tout en conservant le caractère un peu régressif du gras gourmand de la crème et de l'acidité du coulis de fraise.

Fraise melba

Pour 4 personnes

Sorbet fraise

250 g de purée de fraises
50 ml d'eau
30 g de glucose
12 g de sucre
5 g de stabilisateur à glace

Réaliser un sirop avec l'eau, le sucre et le glucose. Ajouter la purée de fraises et le stabilisateur à glace. Laisser refroidir 2 heures, puis faire prendre en sorbetière ou en turbine à glace.

Gel fraise

250 g de purée de fraises
5 g d'agar-agar

Réaliser un gel en portant à ébullition la purée de fraises mélangée à l'agar-agar. Mixer, puis passer au tamis fin. Laisser refroidir, puis faire prendre au frais.

Brunoise de fraises

100 g de fraises fraîches
50 g de gel fraise

Tailler les fraises en brunoise (dés de 2 mm) et les mélanger au gel.

Ganache vanille

250 ml de crème liquide
125 g de chocolat blanc
2 gousses de vanille
2 feuilles de gélatine qualité or

Mettre les feuilles de gélatine à ramollir dans l'eau froide. Porter la crème à ébullition avec les gousses de vanille. Retirer les gousses et faire fondre le chocolat blanc dans la crème chaude.
Gratter l'intérieur des gousses et ajouter les graines de vanille à la préparation.
Ajouter les feuilles de gélatine et bien incorporer.
Faire prendre la ganache au frais, puis la foisonner (la fouetter au batteur).

Gel amandes

150 ml d'eau
100 g de sucre
100 g d'amandes (avec peau)
150 ml d'eau
4 g d'agar-agar
50 g de sucre
50 g d'amandes

Pour le praliné, réaliser un caramel avec l'eau et le sucre. Ajouter les amandes. Bien mélanger pour les enrober de caramel. Laisser refroidir, puis passer au mixeur.
Porter la seconde quantité d'eau à ébullition avec le sucre, les amandes ainsi que l'agar-agar, afin de réaliser un gel. Faire prendre au frais.
Mixer les deux préparations jusqu'à obtention d'une texture lisse.

Biscuit amandes

125 g de pâte d'amandes blanches
62 g de beurre
10 g de jaune d'œuf
62 g d'œufs entiers
25 ml de crème liquide

Mixer tous les ingrédients, puis verser dans un moule en silicone rond (2 cm ⌀) beurré.
Enfourner 8 à 10 minutes à 165 °C.

Sirop fraise

250 g de purée de fraises
20 ml de jus de citron

Mixer les ingrédients et passer dans un linge.

Décoration

Fleurs de sauge ananas

LE SNICKERS BY LA CHARME

États-Unis

Le Snickers by La Charme n'est pas tant un voyage aux États-Unis qu'un retour en enfance et le souvenir ému de ces barres chocolatées au goût régressif et addictif. Le plaisir procuré par l'association du chocolat au lait, du caramel et des cacahuètes fonctionne de manière quasiment universelle. À l'Auberge de la Charme, comme sans doute partout ailleurs, peu nombreux sont ceux qui n'apprécient pas l'alliance de ces trois produits.

Pour que ce dessert emporte définitivement l'adhésion, la cacahuète, aliment addictif ultime, a été travaillée sous des formes variées et complémentaires, de la ganache au sablé.

Elle est aussi une référence à l'Asie où, de la Thaïlande au Vietnam en passant par le Cambodge, on la trouve absolument partout. Le Snickers by La Charme nous fait donc voyager des États-Unis à l'Asie, avec une longue escale dans les souvenirs gustatifs de notre enfance.

Le Snickers by La Charme

Pour 4 personnes

Ganache montée cacahuète

250 ml de crème liquide
125 g chocolat blanc
2 feuilles de gélatine qualité or
1 c. à s. de pâte de cacahuètes

Faire bouillir la crème, puis verser sur le chocolat blanc et la gélatine ramollie dans l'eau froide. Incorporer la pâte de cacahuètes, puis réserver 3 heures au frais avant de monter la ganache.

Glace chocolat noir et fleur de sel

50 ml de crème liquide
100 g de jaunes d'œuf
100 g de sucre
175 g de chocolat noir
500 ml de lait
1 pincée de fleur de sel

Faire chauffer le lait et la crème. Blanchir les jaunes d'œuf et le sucre, verser le lait chaud sur la préparation et remettre dans la casserole sur feu doux, jusqu'à ce que la crème nappe la cuillère. Ajouter le chocolat noir et la fleur de sel.
Réserver 2 heures au frais. Mettre en sorbetière et turbiner au moment de servir.

Décor chocolat

200 g de chocolat noir
20 g de beurre de cacao

Tempérer le chocolat noir et le beurre de cacao : les faire fondre au bain-marie, en mélangeant et en contrôlant la température régulièrement à l'aide d'un thermomètre à pâtisserie.
Retirer le bol du bain-marie quand le chocolat atteint 50-55 °C.
Retirer la casserole d'eau chaude du feu, mais la conserver.
Placer le bol de chocolat dans un bain d'eau froide (éventuellement avec des glaçons). Mélanger et faire descendre le chocolat jusqu'à environ 35 °C (quel que soit le chocolat).
Le retirer du bain-marie d'eau froide et continuer à mélanger pour faire descendre le chocolat jusqu'à 28-29 °C.
Placer à nouveau le bol de chocolat sur le bain-marie d'eau chaude, en évitant de trop le réchauffer.
Remonter jusqu'à 31-32 °C. Le chocolat est prêt à être travaillé.
Réaliser des décors au choix.

Caramel beurre salé

200 g de sucre
300 ml de crème liquide
120 g de beurre

Réaliser un caramel avec le sucre, puis déglacer au beurre. Ajouter la crème et mélanger pour obtenir une texture homogène.

Cacahuètes sablées

200 g de cacahuètes
100 g de sucre
100 ml d'eau

Réaliser un sirop à 110 °C avec le sucre et l'eau, puis ajouter les cacahuètes.
Les sabler : les tourner énergiquement dans le sirop jusqu'à ce qu'elles soient enrobées d'une fine pellicule de sucre.
Continuer de mélanger hors du feu, jusqu'à ce que le sucre blanchisse et devienne sableux.

Dressage

Foisonner la ganache et la mettre en poche à douille. La pocher au fond de l'assiette.
Réaliser un creux à l'aide d'une cuillère à pomme parisienne, y placer le caramel et les cacahuètes sablées.
Poser une rose de glace par-dessus.
Disposer les éléments de décor chocolat tout autour de la ganache.

MYRTILLES, LAVANDE ET CITRON

Provence

Les pieds dans l'eau, le nez dans les champs de lavande, le soleil à son zénith : on repart dans la Méditerranée de David Le Comte et de Nicolas Isnard, celle de leurs origines et de leurs premiers souvenirs olfactifs et gustatifs.

Dorian Fournier, chef pâtissier de l'Auberge de la Charme, a, lui, une prédilection pour les notes florales et délicates.

Il n'en fallait pas plus pour que Nicolas, en voyant un jour son voisin rapporter un gros bouquet de lavande, songe aux champs de son enfance et se lance avec Dorian dans la conception d'un dessert mariant leurs envies et leurs sources d'inspiration respectives.

Avec une base chocolat blanc, ils préparent une espuma lavande, avec une pointe de citron pour l'indispensable note acide. Il manque encore un ingrédient pour contrebalancer le goût sucré un peu trop dominant… Sur ces entrefaites, le primeur de l'Auberge de la Charme livre une cagette de myrtilles que les deux cuisiniers picorent pendant qu'ils testent différentes versions de la recette… Le croquant de la baie pas trop sucrée et sa rondeur en bouche imposent la myrtille comme la touche finale de ce prédessert au dosage floral idéal.

Myrtilles, lavande et citron

Pour 4 personnes

Poudre de myrtilles

250 g de myrtilles

Mettre les myrtilles au déshydrateur ou les déshydrater au four à 60 °C pendant 48 heures, puis les réduire en poudre au blender.

Siphon lavande

125 ml de crème liquide
125 ml de lait
50 g de jaunes d'œuf
50 g de sucre
2 feuilles de gélatine qualité or
4 tiges de lavande fraîche bio

Faire chauffer le lait et la crème. Blanchir les jaunes d'œuf et le sucre, verser la préparation chaude sur la préparation et remettre dans la casserole sur feu doux, jusqu'à ce que la crème nappe la cuillère. Y faire infuser les tiges de lavande 24 heures au frais, puis passer au tamis fin.
Mettre en siphon avec 2 cartouches de gaz.

Sorbet citron et lavande

125 ml de jus de citron
30 g de sirop de glucose
12 g de sucre
5 g de stabilisateur
175 ml d'eau
3 tiges de lavande bio

Porter l'eau, le jus de citron, le sucre, le sirop de glucose et le stabilisateur à ébullition. Ajouter la lavande et laisser infuser environ 24 heures.
Passer au tamis fin.
Réserver au frais 2 heures.
Mettre en sorbetière et turbiner au moment de servir.

Compotée de myrtilles

100 g de myrtilles fraîches
20 g de sucre
20 ml de jus de citron

Faire chauffer les myrtilles et le sucre dans une casserole, jusqu'à ce que le mélange commence à compoter, puis ajouter le jus de citron. Cuire doucement pendant environ 20 minutes.
Réserver au frais.

Décoration

Fleurs de bleuet

LA PIÑA COLADA

Cuba

« Une bonne piña colada à Cuba ! » sonne presque comme un pléonasme... Nicolas Isnard apprécie ce cocktail entre tous, au point d'avoir eu envie d'en faire un dessert. Il y a l'exotisme indéniable de l'ananas, de la coco et du citron vert. Leurs saveurs fraîches, savoureuses et évocatrices sont appréciées par beaucoup de monde.

Le goût de la piña colada est là, mais au lieu d'être liquide, celle-ci est crémeuse et croquante.

L'ananas est poché pour ajouter de la subtilité à sa saveur, tout en gardant le croquant de sa chair.

La coco est travaillée en espuma, avec une texture de crème chantilly pour enrober et connecter tous les éléments, ainsi qu'en glace pour apporter une note frappée à l'entremets.

La piña colada

Pour 4 personnes

Ananas

1 ananas (qualité avion)
100 ml d'eau
20 g de sucre
Le jus de 2 citrons verts

Peler l'ananas et, après avoir retiré le cœur fibreux, l'émincer à la trancheuse à jambon en bandes de 0,5 mm d'épaisseur.
Réaliser un sirop en portant à ébullition le sucre, l'eau et le jus de citron vert, puis le verser à chaud sur les bandes d'ananas. Conserver au frais.
Au moment de servir, enrouler les bandes d'ananas pochées afin de réaliser un rouleau et retailler les bases.

Siphon coco

250 ml de lait de coco
250 g de jaunes d'œuf
50 g de sucre
2 feuilles de gélatine qualité or
10 g de vinaigre de calamansi

Faire chauffer le lait de coco. Blanchir les jaunes d'œuf et le sucre, verser le lait chaud sur la préparation et remettre dans la casserole sur feu doux, jusqu'à ce que la crème nappe la cuillère.
Mettre la gélatine à ramollir dans l'eau froide.
Ajouter à la crème anglaise, ainsi que le vinaigre.
Bien incorporer et réserver 2 à 3 heures au frais.
Mettre en siphon avec une cartouche de gaz.

Glace coco

250 ml de lait de coco
25 ml de crème liquide
50 g de jaunes d'œuf
25 g de sucre
50 g de noix de coco râpée

Faire chauffer le lait de coco et la crème. Blanchir les jaunes d'œuf et le sucre, verser le lait chaud sur la préparation et remettre dans la casserole sur feu doux, jusqu'à ce que la crème nappe la cuillère.
Ajouter la noix de coco et réserver 2 heures au frais.
Mettre en sorbetière et turbiner au moment de servir.

Gel fruit de la passion

80 g de purée de fruits de la passion
1 g d'agar-agar

Porter les ingrédients à ébullition et refroidir afin d'obtenir une gelée.
Mixer au blender la gelée obtenue et la passer au tamis fin.

Décoration

Copeaux de noix de coco fraîche
Fleurs de sauge ananas

LE TIRAMISU

Italie

Dans les disciplines artistiques, s'attaquer à un classique est aussi excitant que risqué, mais toujours très tentant. Revisiter le tiramisu, cinquième au classement des desserts préférés des Français, une star, n'est pas une mince affaire. Raison de plus pour se l'approprier sous une forme inédite !

Le tiramisu de l'équipe de Nicolas Isnard est lui-même devenu un classique, apprécié tout autant au restaurant gastronomique qu'à la brasserie. Depuis une douzaine d'années, il ne cesse d'évoluer.

Les biscuits à la cuillère imbibés au café sont moulés dans la partie basse de vieilles cafetières italiennes et sont démoulés minute, puis recouverts de la crème mascarpone, directement à table, devant le client. Avec sa légèreté gourmande et vaporeuse, ce tiramisu est d'ailleurs servi en prédessert.

Le tiramisu

Pour 6 personnes

Sirop café

250 ml d'eau
40 g de sucre
Café moulu

Réaliser un sirop en portant à ébullition l'eau et le sucre. Faire infuser 5 minutes le café moulu, puis passer au tamis fin. Réserver au frais.

Sponge

75 g de farine
50 g de sucre
2 blancs d'œuf
2 jaunes d'œuf

Blanchir les jaunes d'œufs avec le sucre, ajouter la farine. Monter les blancs en neige. Les ajouter délicatement, puis verser la préparation dans des moules beurrés de 3 cm Ø et 2 cm de haut. Enfourner 8 à 10 minutes à 165 °C.

Spoom café

250 ml de lait
2 feuilles de gélatine qualité or
100 g de sucre
20 g de sirop de café
100 g de jaune d'œuf
1 gousse de vanille
250 ml de crème liquide

Faire chauffer le lait et la crème. Blanchir les jaunes d'œuf et le sucre, verser le lait chaud sur la préparation et remettre dans la casserole sur feu doux, jusqu'à ce que la crème nappe la cuillère, puis incorporer la gélatine ramollie à l'eau froide. Réserver au frais. Une fois la crème prise, incorporer le sirop de café. Verser l'appareil dans un siphon avec 2 cartouches de gaz.

Gel café

250 ml de sirop de café
3 g d'agar-agar

Porter à ébullition 250 ml de sirop de café avec l'agar-agar, puis réserver au frais. Une fois le gel pris, mixer et passer au chinois étamine.

Plume chocolat

100 g de chocolat noir 55 %

Tempérer le chocolat : faire fondre le chocolat au bain-marie. Mélanger et contrôler la température régulièrement à l'aide d'un thermomètre à pâtisserie. Retirer le bol du bain-marie quand le chocolat atteint 50-55 °C. Retirer la casserole d'eau chaude du feu, mais la conserver. Placer le bol de chocolat dans un bain-marie d'eau froide (éventuellement avec des glaçons). Mélanger et faire descendre le chocolat jusqu'à environ 35 °C (quel que soit le chocolat).
Le retirer du bain-marie d'eau froide et continuer à mélanger pour faire descendre le chocolat jusqu'à 28-29 °C. Placer à nouveau le bol de chocolat sur le bain-marie, en évitant de trop le réchauffer. Remonter jusqu'à 31-32 °C. Le chocolat est prêt à être travaillé.
Réaliser les plumes en chocolat l'aide d'une lame « filet de sole » trempée dans le chocolat. La poser sur un papier guitare et lever la pointe de la lame en la tirant vers soi.

Décoration

Chocolat 55 %

Pour finir, râper le chocolat avec une râpe Microplane.

CITRON, MIEL, SAFRAN

Maroc

C'est le Maghreb au sens large que cette recette embrasse. Elle s'appuie sur les traditions d'Afrique du Nord pour composer un dessert gorgé de soleil. Le safran, produit que Nicolas Isnard ne manque jamais de rapporter de ses pérégrinations marocaines, donne le ton, et les autres composantes arrivent par association de saveurs et d'idées.

Le miel renvoie aux cornes de gazelle. On joue sur ses textures : onctueuse, pour ses vertus liantes, et solide, pour le structurer en chips alvéolées.

Le miel et le safran constituent alors un duo gourmand et réconfortant qu'il faut réveiller avec une touche acide, caractéristique de la cuisine de l'Auberge de la Charme.

Au nord de l'Afrique, on trouve aussi des citrons, jaunes, vifs, au goût incisif qui viennent parfaire le dessert de leur couleur et de leur saveur. Le dosage entre les notes acides, épicées et sucrées s'équilibre. Avec une longueur en bouche propre aux recettes salées de l'Auberge de la Charme, souligne Nicolas Isnard. Ce dessert très esthétique fait du bien, à la manière d'un baume frais et réconfortant.

Citron, Miel, safran

Pour 4 personnes

Sorbet citron

250 ml de jus de citron
250 ml d'eau
60 ml de sirop de glucose
24 g de sucre
5 g de stabilisateur pour glace

Porter l'ensemble des ingrédients à ébullition dans une casserole. Réserver au frais 2 heures. Mettre en sorbetière et turbiner au moment de servir.

Crémeux citron safran

75 g de sucre
100 g d'œufs entiers
70 g de jaunes d'œuf
250 ml de jus de citron
4 feuilles de gélatine qualité or
87 g de beurre
Quelques pistils de safran

Mélanger les œufs, les jaunes, le sucre et ajouter le jus de citron porté à ébullition. Puis cuire à feu doux en remuant jusqu'à la première ébullition, puis ajouter la gélatine ramollie dans l'eau froide et le safran.
Réserver au frais.

Biscuit miel

112 g de farine
112 g de sucre
3 œufs
75 ml de crème liquide
5 g de levure chimique
90 g de beurre
30 g de miel

Mélanger les poudres, les œufs, puis ajouter le miel et la crème. Réaliser un beurre noisette (faire chauffer le beurre jusqu'à légère coloration) et incorporer au mélange.
Verser dans un moule cannelé en silicone (4 cm ⌀) et enfourner 12 minutes à 165 °C.

Gel citron

250 ml d'eau
Jus de citron
125 g de sucre
10 g d'agar-agar

Réaliser un sirop avec l'eau, le jus de citron et le sucre, puis ajouter l'agar-agar et faire bouillir 2 minutes. Réserver au frais et mixer la gelée avec le jus de citron, puis passer au tamis fin.

Tuile miel

50 g de blanc d'œuf
50 g de sucre
50 g de farine
30 g de miel

Mélanger tous les ingrédients, puis étaler dans un moule en silicone en forme de nid d'abeille. Enfourner 5 minutes à 150 °C. Démouler à froid.

Pâte sablée

50 g de farine T55
30 g de beurre
20 g de sucre
4 g de poudre d'amande
10 g d'œuf entier

Mélanger toutes les poudres, puis sabler avec le beurre, ajouter l'œuf et rendre la pâte homogène. Étaler pour obtenir une épaisseur de 2 mm, enfourner sur une plaque 5 minutes à 180 °C. Détailler à l'aide d'un emporte-pièce canellé (2 cm ⌀). Puis recuire 7 minutes à 180 °C.

LE TOUT CHOCOLAT 70% GUANAJA

France et République dominicaine

Réconfortant par excellence, par sa concentration en chocolat, ce dessert ne se résume pas à son nom. Le vinaigre de Banyuls, vignoble cultivé en terrasses sur les coteaux pentus des Pyrénées méditerranéens, en équilibre l'acidité et le sucré.
Le chocolat provient de République dominicaine où Nicolas Isnard a séjourné plusieurs fois. C'est un des terroirs du Guanaja, cacao amer dont chaque cru présente un profil aromatique particulier.
L'acidité du vinaigre et le sucré amer du chocolat illustrent à merveille l'identité culinaire de l'Auberge de la Charme. Tout comme la présentation de ce dessert : épurée, moderne et parfaitement proportionnée.

Le tout chocolat 70 % Guanaja

Pour 4 personnes

Ganache montée

137 g de chocolat noir 70 % Guanaja
500 g de crème liquide
2 feuilles de gélatine qualité or

Faire bouillir la crème, y dissoudre la gélatine préalablement trempée dans l'eau froide, puis verser sur le chocolat et émulsionner jusqu'à obtenir une texture homogène.
Faire prendre au frais.
Monter au batteur à froid jusqu'à obtenir la texture d'une chantilly.

Gel cacao

250 g d'eau
100 g de sucre
50 g de cacao en poudre non sucré
4 g d'agar-agar

Porter tous les ingrédients à ébullition, puis refroidir afin d'obtenir une gelée.
Mixer la gelée au blender et la passer au tamis fin.

Gel vinaigre de banyuls

250 g d'eau
100 g de sucre
100 g de vinaigre de Banyuls
6 g d'agar-agar

Porter tous les ingrédients à ébullition, puis refroidir afin d'obtenir une gelée.
Mixer la gelée au blender, puis la passer au tamis fin.

Opaline tirée

150 g de fondant blanc
100 g de sirop de glucose
90 g de chocolat noir 70 % Guanaja
15 g de malt d'orge

Faire un caramel avec le fondant et le glucose et décuire en ajoutant les pistoles de chocolat, puis le malt.
Étaler sur un tapis en silicone pour refroidir jusqu'à durcissement.
Mixer au blender afin d'obtenir une poudre fine.
Saupoudrer la poudre obtenue à l'aide d'une passette sur un tapis en silicone (20 cm par 4 cm) pour former des tuiles.
Enfourner 2 minutes à 180 °C.
À la sortie du four, étirer les tuiles à la main et laisser refroidir à l'air libre.

Siphon chocolat

250 g de crème liquide
20 g de chocolat noir 70 % Guanaja

Faire bouillir la crème et la verser sur le chocolat pour obtenir une ganache liquide. Bien incorporer.
À chaud, verser dans un siphon et mettre 2 cartouches de gaz. Maintenir le siphon dans un bain-marie à 50 °C et servir chaud.

Glace chocolat

250 ml de lait
25 ml de crème liquide
50 g de jaunes d'œuf
20 g de sucre
50 g de chocolat noir 70 % Guanaja

Faire chauffer le lait et la crème. Blanchir les jaunes d'œuf et le sucre, verser le lait chaud sur la préparation et remettre dans la casserole sur feu doux, jusqu'à ce que la crème nappe la cuillère.
Verser la crème chaude sur le chocolat et bien incorporer.
Réserver 2 heures au frais, puis mettre en sorbetière et turbiner au moment de servir.

Décoration

Fleurs de bleuet blanc

POMME D'AMOUR

Enfance

Le fruit en trompe-l'œil a été un temps un parti pris à l'Auberge de la Charme. Pendant une année, tous les fruits y ont même été travaillés et présentés en trompe-l'œil.
La pomme d'amour reste indétrônable, avec son volume dodu et son aspect volontairement artificiel.
L'écrin est rouge profond ; il enferme une compotée de Granny Smith, enrobée d'une mousse aux pommes, et recouverte d'une coque de chocolat blanc, à croquer à pleines dents. Le flocage (pulvérisation comestible sur les desserts et entremets glacés) l'habille d'un velours irrésistible.

Pomme d'amour

Pour 4 personnes

Crémeux pommes

250 g de purée de pommes golden
100 g d'œufs entiers
70 g de jaunes d'œuf
75 g de sucre
3 feuilles de gélatine qualité or
90 g de beurre

Au fouet, blanchir les jaunes, les œufs et le sucre. Porter la purée de pommes à ébullition et la verser sur le mélange. Faire cuire jusqu'à la première ébullition, puis ajouter la gélatine préalablement trempée à l'eau froide, ainsi que le beurre.
Bien incorporer et réserver au frais.

Crème montée

500 g de crème liquide à 30 % de matière grasse

Fouetter la crème au batteur, jusqu'à obtenir une crème souple, puis réserver.

Insert pommes

3 pommes Grany Smith
100 g de sucre
100 g de beurre

Éplucher les pommes, les couper en quartiers, retirer le cœur et les couper en brunoise (dés de 2 mm).
Réaliser un caramel avec le sucre, puis cuire les pommes et ajouter le beurre.
Mouler en moule demi-sphères.

Montage

Mélanger le crémeux et la crème montée, puis remplir la moitié du moule en silicone en forme de pomme. Ajouter l'insert au milieu, puis recouvrir avec le mélange. Lisser et faire prendre au congélateur.

Glaçage

250 g de chocolat blanc
250 g de beurre de cacao
5 g de colorant rouge

Faire fondre au bain-marie le beurre de cacao et le chocolat, puis ajouter le colorant.
Utiliser ce glaçage pour floquer au pistolet les entremets en forme de pomme.

LE MONT-BLANC PASSION

Enfance

Du mélange crème de marrons et fromage blanc Nicolas Isnard dit que c'est son péché mignon. Son amour pour les marrons suisses remonte à l'enfance.
Aujourd'hui, il ajoute au Mont-Blanc de l'acidité, dans une recherche constante d'équilibre, par l'intermédiaire du fruit de la passion, produit adoré et récurrent de sa cuisine, travaillé en gel crémeux aux notes vanillées.
En seize ans, Nicolas Isnard a demandé à tous les pâtissiers passés par l'Auberge de la Charme de créer un Mont-Blanc marron. C'est un dessert qui évolue constamment, au gré des inspirations de l'équipe.

Le Mont-Blanc passion

Pour 4 personnes

Meringue française

50 g de blancs d'œuf
50 g de sucre semoule
50 g de sucre glace

Fouetter les blancs d'œuf. Incorporer le sucre semoule en trois fois. Quand les blancs sont fermes, incorporer le sucre glace à l'aide d'une maryse. Étaler la meringue sur un tapis silicone. Laisser sécher au four à 80/90 °C pendant 2 heures.

Sorbet passion

125 g de purée de fruits de la passion
15 g de sirop de glucose
10 g de sucre blanc
2 g de stabilisateur
25 g d'eau

Faire bouillir tous les ingrédients. Mettre à refroidir au réfrigérateur, puis turbiner.

Gel passion

100 g de purée de fruits de la passion
4 g d'agar-agar

Faire bouillir les éléments, puis débarrasser et laisser prendre la gelée au frais. Mixer au blender jusqu'à obtenir une texture lisse. Mettre en pipette.

Crème de marrons

50 g de crème de marrons

Passer la crème au tamis, puis la mettre en poche à douille et mettre en poche à petite douille.

Biscuit châtaigne

62 g de blanc d'œuf
30 g de sucre blanc
30 de poudre de chataîgne
35 g de sucre glace
25 de farine T55

Dans un cul-de-poule, mélanger les ingrédients au fouet. Verser dans des moules en silicone de 6 cm ⌀ et de 3 cm ⌀, puis enfourner 12 minutes environ à 165 °C.

Crémeux vanille

167 ml de lait
1 gousse de vanille
67 g de jaunes d'œuf
67 g de sucre
3 feuilles de gélatine qualité or
167 ml de crème liquide

Faire chauffer le lait avec la vanille. Blanchir les jaunes d'œufs et le sucre, puis, après avoir retiré la vanille, verser le lait chaud sur la préparation et remettre dans la casserole sur feu doux, jusqu'à ce que la crème nappe la cuillère. Hors du feu, incorporer la gélatine ramollie à l'eau froide. Laisser refroidir et réserver au frais.
Monter la crème au fouet, puis l'incorporer à la préparation. Mettre en poche à douille cannelée.

Salsa mangue-ananas

60 g d'ananas frais
60 de mangue fraîche
50 g de fruits de la passion frais

Tailler la mangue et l'ananas en fine brunoise, ajouter la pulpe de fruits de la passion et réserver au frais.

Tuile aux marrons

50 g de crème de marrons

Dans des moules en silicone de la forme voulue, étaler la crème de marrons et enfourner entre 5 et 8 minutes à 180 °C. Démouler à chaud.

Montage

Dans chaque assiette, placer un biscuit châtaigne de 6 cm ⌀ et un de 3 cm ⌀. Sur le plus grand, à la poche à douille, confectionner un nid de crème de marrons. Déposer une meringue par-dessus, l'évider et remplir de salsa mangue-ananas. Recouvrir de crémeux vanille à l'aide de la poche à douille cannelée. Surmonter d'une tuile aux marrons.

PÊCHE BLANCHE, VIN GÉORGIEN « EN QVEVRI »

Géorgie

L'été bat son plein, la pêche est gorgée de sucre. Dorian Fournier, le chef pâtissier de l'Auberge de la Charme, réfléchit à une saveur végétale pour contrebalancer subtilement le sucre du fruit.

Le goût piquant et poivré de la roquette la désigne comme une alliée inattendue et idéale. Sa note herbacée incisive est intensifiée dans une purée dont le piquant rappelle celui d'une pâte de piment.

Si cette alliance fonctionne bien, il manque un élément pour lier l'ensemble de façon cohérente. On part à nouveau explorer les voyages passés, à la recherche de l'inspiration. David Tavernier suggère le vin cuit en qvevri (l'équivalent de l'amphore en Grèce) de Géorgie, pays où il a travaillé.

On en retire l'alcool, en le faisant flamber rapidement, et on le prépare en bouillon.

Cette fois, c'est le caractère tannique, astringent et un peu amer en bouche du vin orange qu'il faut équilibrer par une note sucrée. Tel est le rôle des parures de pêches infusées à froid. Le bouillon confectionné, clair et très frais, lie magistralement le dessert.

Pêche blanche, vin géorgien « en qvevri »

Pour 4 personnes

Pêche confite

1 pêche blanche
10 g de beurre
10 g de miel
20 ml de vin orange géorgien (Mtsvane, Kisi, Rkatsiteli...)

Découper la pêche à l'emporte-pièce, puis poêler les morceaux dans le beurre et le miel pour les glacer. Déglacer avec le vin et réserver au frais.

Gel roquette

250 g de roquette
4 g d'agar-agar
100 ml d'eau
25 g de sucre

Porter l'eau, l'agar-agar et le sucre à ébullition. Réserver au frais. Faire blanchir la roquette 30 secondes à l'eau bouillante, puis la plonger dans l'eau glacée, l'égoutter et la réserver au frais. Quand la gelée est prise, la mixer au blender avec la roquette, puis passer au tamis fin.

Sirop de vin géorgien

250 ml de vin orange géorgien (Mtsvane, Kisi, Rkatsiteli...)
110 g de miel

Faire fondre le miel dans une casserole et déglacer avec le vin, puis réserver au frais.
Passer au tamis fin, puis dans un linge.

Gel pêche blanc

250 g de purée de pêches blanches
4 g d'agar-agar

Mélanger la purée et l'agar-agar et porter à ébullition. Laisser refroidir, puis faire prendre la gelée au frais. La mixer au blender afin de la rendre lisse, puis la passer au tamis fin.

Sorbet pêche blanc

50 ml d'eau
250 g de purée de pêches blanches
12 g de sucre
5 g de stabilisateur à glace
30 g de glucose

Porter tous les ingrédients à ébullition.
Laisser refroidir, puis réserver au frais 2 heures.
Mettre en sorbetière et turbiner au moment de servir.

Décoration

Micropousses de roquette
Fleurs de roquette

GHEVAR

Rajasthan, Inde

L'identité culinaire de l'Auberge de la Charme s'articule autour de l'ailleurs où l'on va, mais aussi celui qui vient à nous. Chaque nouveau cuisinier apporte son savoir-faire et sa culture à l'équipe. En semaine, ce sont les chefs qui cuisinent pour le personnel, et le dimanche vient le tour des pâtissiers.

Sagar Nalawade, stagiaire indien, a ainsi préparé pour tout le monde un lait aromatisé aux épices, nourri de fruits secs. Ce plat typique, qui se déguste comme une soupe froide, est très marqué par la cardamome et la muscade, et sucré à la façon d'un lait concentré.

Séduite, l'équipe de l'Auberge de la Charme s'accorde à en conserver les marqueurs, tout en atténuant le sucre et en imaginant une présentation plus sophistiquée.

Le lait devient une glace sur laquelle est saupoudré un granola de pistaches, amandes, noix de cajou, épicées de muscade et de cardamome.

Finalement, l'idée surgit d'en affirmer l'identité en jouant l'esthétique bollywoodienne : le ghevar de Prenois, acidulé et un peu sucré, est donc égayé de fleurs aux couleurs vives.

Ghevar

Pour 4 personnes

Glace

10 ml de crème liquide
20 g de jaune d'œuf
10 g de sucre
100 ml de lait
20 g de noix de cajou
20 g d'amandes
15 g de raisins secs
20 g de pistaches
1 c. à c. de cardamome en poudre
2 pincées de noix de muscade en poudre

Blanchir au fouet les jaunes d'œuf et le sucre. Faire bouillir le lait et la crème et y ajouter le précédent mélange. Cuire sur feu doux en remuant jusqu'à ce que la crème nappe la cuillère. Débarrasser. Ajouter le reste des ingrédients et mixer l'ensemble au blender.
Réserver au frais 2 heures.
Mettre en sorbetière et turbiner au moment de servir.

Rabri

500 g de lait
20 g de sucre

Faire réduire les deux ingrédients à feu doux jusqu'à obtenir une texture sirupeuse (comme du lait concentré).

Sirop

20 g de sucre
12 ml d'eau
2 gouttes de jus de citron
½ capsule de cardamome écrasée
2 gouttes d'eau de rose

Porter tous les ingrédients à ébullition dans une petite casserole et cuire jusqu'à 115 °C, puis refroidir.

Ghevar

4 c. à s. de ghee (ou beurre clarifié)
3 glaçons
125 ml de lait
162 g de farine T55
1 c. à s. de farine de pois chiches
1 c. à c. de jus de citron
Huile neutre

Dans un bol, avec un mixeur à main, mixer les glaçons et le ghee, puis ajouter petit à petit le lait et les farines préalablement mélangées, et terminer avec le jus de citron (si la préparation est trop épaisse, ajouter un petit peu d'eau). Mettre en poche à douille.
Dans une poêle remplie d'huile neutre sur 2,5 cm de hauteur, placer un emporte-pièce en inox de 8 cm Ø et, à la poche à douille, y verser la préparation. Faire frire jusqu'à ce qu'elle prenne une couleur dorée.
Égoutter sur un papier absorbant, puis couper en 2 les 2 disques réalisés..

Décoration

Quelques pistaches hachées
Mélange de fleurs comestibles

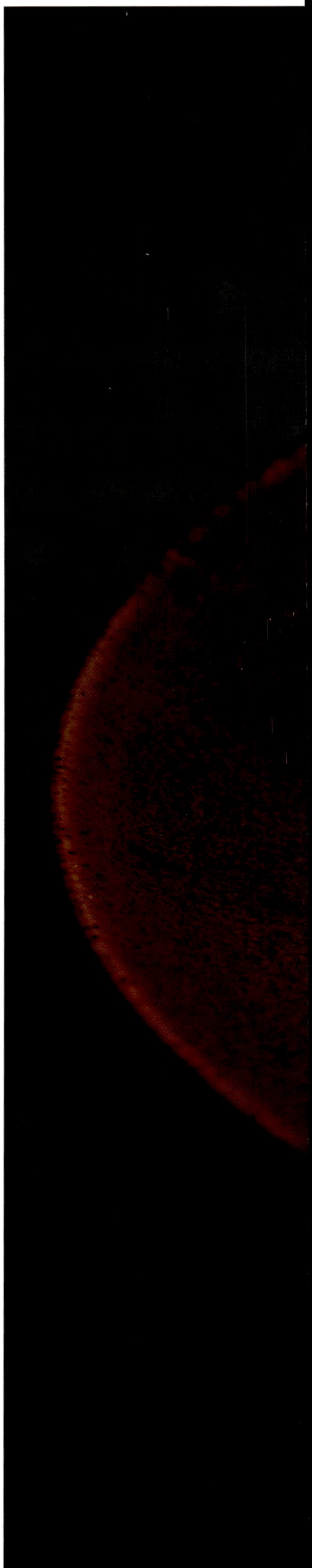

LE MOKA

Arabie saoudite

Jusqu'au XVIIIe siècle, Mokha, sur la mer Rouge, a tenu une place prédominante dans le commerce mondial de café. Les baies en provenance du Yémen, appelées « grains de Moka », étaient réputées pour leur saveur et leur qualité. Le moka s'est ensuite propagé en Europe et au Moyen-Orient où il est, aujourd'hui, dégusté avec une pointe de lait.

C'est à Riyad, où il travaille à l'hôtel Fairmont, que Nicolas Isnard découvre ce moka, mais c'est dans son restaurant de Chiang Mai, en Thaïlande qu'il élabore ce dessert faisant appel à la puissance du café, alliée à la rondeur crémeuse du lait.

Le goût robuste et marqué du café est complexifié par une belle glace au chocolat gourmande. À l'équilibre des saveurs vient s'ajouter celui des textures qui se superposent en strates, enveloppées dans une coque à la fois croquante et mousseuse, revêtue d'un intrigant velours chocolaté.

Le moka

Pour 10 pièces

Ganache chocolat

80 g de chocolat noir
45 g de chocolat au lait
1 noisette de beurre
120 ml de crème liquide à 35 % de matière grasse
4 g de sirop de glucose
¼ de feuille de gélatine qualité or

Dans une casserole, chauffer la crème et le glucose. Dans un cul-de-poule, mettre les chocolats coupés en carrés et le beurre. Quand la crème est à ébullition, la verser sur les chocolats, la gélatine réhydratée et le beurre. Remuer à la spatule. Verser une épaisseur d'½ cm dans un cadre à ganache.

Crémeux praliné

90 ml de crème liquide (70 g pour la crème montée + 20 g pour la crème chaude)
140 g de praliné noisette
¾ de feuille de gélatine qualité or

Monter au fouet 70 ml de crème. Mettre la gélatine à ramollir dans l'eau froide.
Faire chauffer 20 ml de crème et y dissoudre la gélatine. Verser la crème chaude collée à la gélatine sur le praliné. Mélanger au fouet et ajouter la crème montée. Couler sur la ganache chocolat prise.

Mousse café

260 ml de crème liquide (160 ml pour la crème montée et 100 ml pour la crème anglaise)
500 ml de lait
10 g d'extrait de café
40 g de jaunes d'œuf
80 g de sucre (40 pour la meringue, 40 pour la crème anglaise)
2 feuilles et demie de gélatine qualité or
160 g de crème liquide
20 ml d'eau
20 g de blancs d'œuf

Réaliser une crème anglaise au café : chauffer le lait, la crème et l'extrait de café dans une casserole. Blanchir les 40 g de jaunes d'œuf avec 40 g de sucre, puis verser le lait chaud. Remettre dans la casserole sur feu doux et laisser épaissir en remuant, jusqu'à ce que la crème nappe la cuillère. Réserver.
Fouetter 160 ml de crème, jusqu'à obtenir une crème souple. Préparer une meringue italienne : réaliser un sirop avec 40 g de sucre et 20 ml d'eau. Le sirop doit monter à 115 °C. Battre les blancs en neige jusqu'à ce qu'ils soient mousseux. Ajouter le sirop en continuant à battre les œufs, jusqu'à refroidissement complet. Quand la crème anglaise est à environ 30 °C, incorporer la gélatine, la meringue italienne, puis mélanger et ajouter la crème montée pour finir.

Sablé viennois

180 g de farine
60 g de sucre glace
150 g de beurre, à température ambiante
25 g de blancs d'œuf
3 g de fleur de sel

Mélanger la farine et le sucre glace. Incorporer le beurre pommade et la fleur de sel. Mélanger et incorporer les blancs. Étaler sur environ 3 mm d'épaisseur. Enfourner 12 minutes à 160 °C.

Montage

Dans un moule en forme de grain de café, pocher une couche de mousse café, en la rabattant bien sur les bords. Insérer ensuite la ganache et le praliné, compléter avec de la mousse café, puis congeler. Démouler l'entremets congelé et procéder au flocage.

Flocage chocolat au lait

80 g de beurre de cacao
80 g de chocolat au lait

Faire fondre au bain-marie le beurre de cacao et le chocolat au lait. Utiliser ce glaçage pour floquer l'entremets au pistolet.

Glace chocolat

200 ml de lait
2 jaunes d'œuf
20 g de sucre
40 g de chocolat noir 70 %

Faire chauffer le lait. Blanchir les jaunes d'œuf et le sucre, verser le lait chaud et remettre dans la casserole sur feu doux, jusqu'à ce que la crème nappe la cuillère. La verser chaude sur le chocolat, bien incorporer. Réserver 2 heures au frais, puis mettre en sorbetière et turbiner au moment de servir. Réaliser des roses de glace.

MIGNARDISES AU CASSIS DE BOURGOGNE

Bourgogne

Les mignardises au cassis de Bourgogne ponctuent le repas à l'Auberge de la Charme, pensé comme un voyage. Chaque plat ayant été conçu comme une escale, elles marquent le retour « à la maison ».
Le répertoire des recettes et produits sucrés bourguignons n'étant pas infini, le cassis s'est facilement imposé comme repère pour cet « atterrissage » en douceur.
Cultivé par la ferme Dubois, il est travaillé de façon classique avec un chou, une petite religieuse, une glace vanille cassis et une sphère au cassis.

Mignardises au cassis de Bourgogne

Pour 4 personnes

MOUSSE DE LAIT ET CASSIS

Mousse de lait

250 ml de lait
4 feuilles de gélatine qualité or

Porter à ébullition le lait et incorporer la gélatine ramollie dans l'eau froide. Laisser refroidir, puis faire prendre au frais durant 2 heures. Fouetter la gelée de lait jusqu'à texture mousseuse.

Sablé

50 g de farine
30 g de beurre
20 g de sucre
4 g de poudre d'amande
10 g d'œuf entier

Mélanger les ingrédients au robot, étaler entre 2 papiers cuisson et réserver au frais. Enfourner 10 minutes à 165 °C, puis découper la pâte à chaud à l'aide d'un emporte-pièce de 2 cm ⌀.

Crémeux cassis

250 g de purée de cassis
75 g de sucre
100 g d'œufs entiers
70 g de jaunes d'œuf
4 feuilles de gélatine qualité or
87 g de beurre

Porter à ébullition la purée de cassis. Blanchir le sucre, les jaunes d'œufs et les œufs entiers. Verser la purée chaude sur la préparation aux œufs en mélangeant bien. Remettre sur feu doux en remuant constamment, jusqu'à obtenir la consistance d'une crème pâtissière. Incorporer hors du feu la gélatine ramollie à l'eau froide, puis le beurre.
Verser dans des moules demi-sphères en silicone. Laisser refroidir, puis faire prendre au congélateur.

Disque chocolat

50 g de chocolat blanc
2 g de beurre de cacao

Faire fondre ensemble les deux ingrédients, puis couler le mélange sur du papier décor chocolat « camouflage ». Laisser prendre au frais et tailler en disques à l'aide d'un emporte-pièce de 2 cm ⌀.

Montage

Démouler une demi-sphère de crémeux cassis et la tremper dans la mousse de lait (à l'aide d'un cure-dent), puis poser sur le sablé et placer un disque de chocolat décor par-dessus.

BILLE CASSIS ET VANILLE

Crémeux vanille

250 ml de lait
25 ml de crème liquide
50 g de jaunes d'œuf
25 g de sucre
2 feuilles de gélatine qualité or
Arôme vanille

Faire chauffer le lait et la crème. Blanchir les jaunes d'œuf et le sucre, verser le lait chaud sur la préparation et remettre dans la casserole sur feu doux, jusqu'à ce que la crème nappe la cuillère. Ajouter l'arôme vanille. Laisser refroidir.
Verser dans des moules demi-sphères et faire prendre au congélateur.

Glaçage cassis

250 ml de jus de cassis
2 g d'agar-agar
2 feuilles de gélatine qualité or

Porter le jus et l'agar-agar à ébullition, puis ajouter la gélatine préalablement ramollie dans l'eau froide. Mixer et filtrer.

Crémeux cassis

250 g de purée de cassis
75 g de sucre
100 g d'œufs entiers
70 g de jaunes d'œuf
4 feuilles de gélatine qualité or
87 g de beurre

Porter à ébullition la purée de cassis.
Blanchir le sucre, les jaunes d'œufs et les œufs entiers. Verser la purée de cassis chaude sur la préparation aux œufs en mélangeant bien. Remettre sur feu doux en remuant constamment jusqu'à obtenir la consistance d'une crème pâtissière.
Incorporer hors du feu la gélatine ramollie à l'eau froide, puis le beurre. Filmer la crème au contact.
Faire refroidir avant de verser dans un moule demi-sphères plus gros que celui du crémeux vanille, puis incorporer au centre les demi-sphères vanille congelées. Faire prendre au congélateur.

Montage

Démouler les demi-sphères et les coller afin d'obtenir une bille.
Tremper les billes dans le glaçage à température ambiante et coller une feuille d'or sur le dessus.
Placer sur une cuillère.

Mignardises au cassis de Bourgogne

Pour 4 personnes

CHOUX CASSIS

Craquelin

75 g de sucre
75 g de beurre
75 g de farine
3 g de colorant violet

Mélanger les ingrédients pour obtenir une pâte homogène et étaler entre deux feuilles de papier cuisson. Découper à l'aide d'un emporte-pièce (2 cm ⌀).

Pâte à choux

75 g d'eau
75 g de beurre
75 ml de lait
75 g de farine
75 g de sucre
6 g de sel fin
115 g d'œufs entiers
4 g de colorant violet

Dans une casserole, porter à ébullition l'eau, le lait, le beurre découpé en morceaux et le sel. Hors du feu, ajouter en une seule fois la farine tamisée. Mélanger vigoureusement à la cuillère en bois. Remettre sur le feu et dessécher la pâte en remuant, jusqu'à ce qu'elle se détache de la casserole et de la cuillère. Hors du feu, ajouter les œufs un à un en les incorporant bien, pour obtenir une pâte homogène.

Sur un tapis silicone, pocher les choux en quinconce et placer un cercle de craquelin sur chacun.
Cuire 15 minutes à 180 °C.

Disque cassis

50 g de chocolat blanc
2 g de beurre de cacao
1 goutte de colorant violet

Fondre les deux ingrédients ensemble au bain-marie, puis couler le mélange sur du papier décor.
Faire prendre au frais et tailler en disques à l'aide d'un emporte-pièce (2 cm ⌀).

Crémeux cassis

250 g de purée de cassis
75 g de sucre
100 g d'œufs entiers
70 g de jaunes d'œuf
4 feuilles de gélatine or
87 g de beurre

Porter à ébullition la purée de cassis.
Blanchir le sucre, les jaunes d'œufs et les œufs entiers. Verser la purée de cassis chaude sur la préparation aux œufs en mélangeant bien. Remettre sur feu doux en remuant, jusqu'à obtenir la consistance d'une crème pâtissière. Hors du feu, incorporer la gélatine ramollie à l'eau froide, puis le beurre. Filmer la crème au contact. Réserver au frais.

Gel cassis

50 g de jus de cassis
0,5 g d'agar-agar

Mélanger le jus de cassis et l'agar-agar et porter à ébullition. Laisser refroidir. Faire prendre la gelée au frais. La mixer au blender afin de la rendre lisse, puis la passer au tamis fin. Mettre en pipette ou en poche à douille.

Montage

Farcir les choux de crémeux cassis, placer un disque de chocolat et pocher 3 points de gel cassis sur le dessus.

MIGNARDISES AUTOUR DE LA PRUNE

Retour à Prenois

Si les bouchées autour du cassis ramènent les convives en Bourgogne, les mignardises autour de la prune célèbrent le retour à la maison à proprement parler. Prenois, lieu-dit où est située l'Auberge de la Charme, doit soit nom aux pruniers du secteur. La prune est déclinée par variété et sous trois formes différentes : crue et à peine transformée pour la reine-claude, compotée pour la mirabelle et, enfin, en liqueur, comme un clin d'œil au pousse-café de l'enfance de Nicolas Isnard.
Ces mignardises illustrent toute la cohérence de la démarche culinaire de Nicolas Isnard, parce que voyager, c'est partir, pour mieux revenir !

Mignardises autour de la prune

Pour 4 personnes

BILLE CRÉMEUSE MIRABELLE

Insert

100 g de purée de mirabelles
2 feuilles de gélatine qualité or

Réaliser une gelée en portant la purée et la gélatine à ébullition et la couler à chaud dans de petits moules à insert, sphériques, en silicone, de 2 cm Ø. Laisser refroidir et faire prendre au congélateur. Les inserts congelés seront placés à l'intérieur des billes au moment du montage du crémeux.

Crémeux mirabelle

125 g de purée de mirabelles
60 g de sucre
80 g d'œufs entiers
50 g de jaunes d'œuf
3 feuilles de gélatine qualité or
85 g de beurre

Porter à ébullition la purée de mirabelles. Blanchir le sucre, les jaunes d'œufs et les œufs entiers. Verser la purée chaude sur la préparation aux œufs en mélangeant bien. Remettre sur feu doux en remuant constamment, jusqu'à obtenir la consistance d'une crème pâtissière.
Incorporer ensuite la gélatine ramollie à l'eau froide, puis le beurre.
Filmer la crème au contact et réserver au frais.
Verser dans des moules à en silicone sphériques de 2,5 cm Ø, en incorporant l'insert congelé au milieu.
Faire prendre au congélateur.

Sablé

50 g de farine T55
30 g de beurre
20 g de sucre
4 g de poudre d'amande blanche
10 g d'œuf entier

Mélanger tous les ingrédients au robot et étaler entre deux feuilles de papier cuisson.
Tailler à l'emporte-pièce.
Enfourner 10 minutes à 180 °C dans des moules demi-sphères de 3 cm Ø.

Glaçage scintillant

75 g d'eau
150 g de sirop de glucose
150 g de sucre
100 g de lait
3 feuilles de gélatine qualité or
Feuilles d'or comestibles

Faire bouillir l'eau, le sirop et le sucre. Ajouter la gélatine ramollie dans l'eau froide, le lait froid et les feuilles d'or et mélanger au mixeur à main.
Tremper les billes congelées dans le glaçage, puis les disposer sur les sablés.

Mignardises autour de la prune

Pour 4 personnes

FINANCIER PRUNELLE

Financier

62 g de beurre
100 g de sucre
12 g de farine
62 g de poudre d'amande
75 g de blancs d'œuf

Dans une casserole, faire fondre le beurre à feu moyen. Lorsqu'il commence à colorer, retirer du feu et laisser tiédir. Mélanger tous les éléments et verser dans un moule en silicone, puis enfourner 30 minutes à 180 °C. Découper à l'emporte-pièce de 2 cm Ø.

Gel prunelle

100 g de purée de prunes jaunes
1 g d'agar-agar
20 ml de prunelle (eau-de-vie de prune)

Mélanger la purée et l'agar-agar et porter à ébullition. Faire prendre la gelée au frais. La mixer au blender avec la prunelle afin de la rendre lisse, puis la passer au tamis fin. Mettre en poche à douille.

Sirop d'imbibage

100 ml d'eau
20 g de sucre
50 ml de prunelle (eau-de-vie de prune)

Faire bouillir l'eau et le sucre, puis ajouter la prunelle à froid.
Imbiber les financiers dans le sirop froid.

Décoration

Segments de prunes jaunes fraîches

SPHÈRE GLACÉE REINE-CLAUDE

Glace reine-claude

250 g de purée de reines-claudes
30 g de sirop de glucose
15 g de sucre
5 g de stabilisateur pour glace
50 g d'eau

Porter tous les éléments à ébullition et verser en moule en silicone sphériques de 2 cm ⌀. Laisser refroidir, puis faire prendre au congélateur.

Chocolat

50 g de chocolat blanc Ivoire
50 g de beurre de cacao
1 goutte de colorant alimentaire jaune

Faire fondre tous les ingrédients au bain-marie et quand le chocolat est à 50 °C, y tremper les sphères de glace reine-claude.
Couler des disques de chocolat sur du papier guitare (ici avec l'empreinte du logo de l'Auberge de la Charme) de même ⌀, et les placer sur les sphères de glace reine-claude en coque de chocolat.

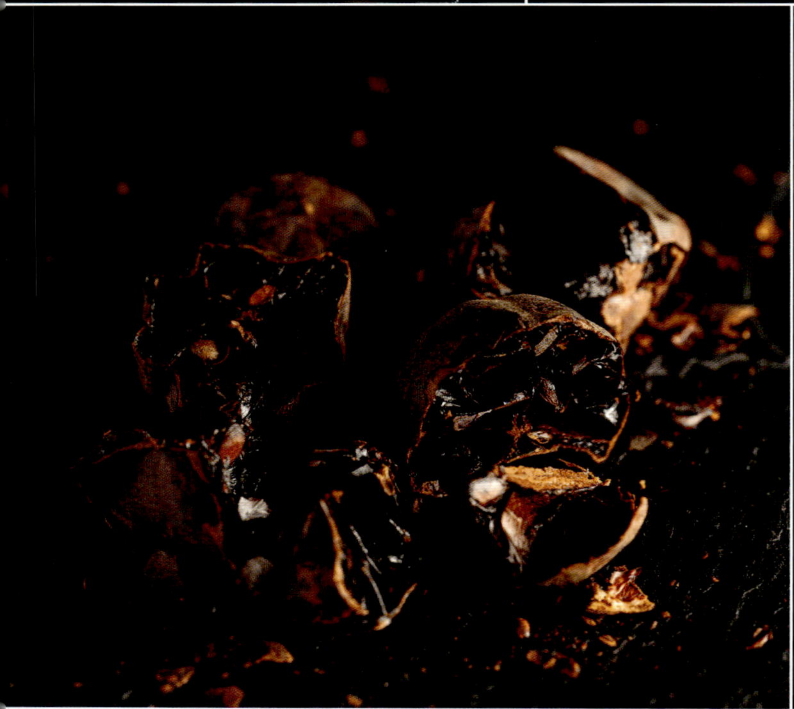

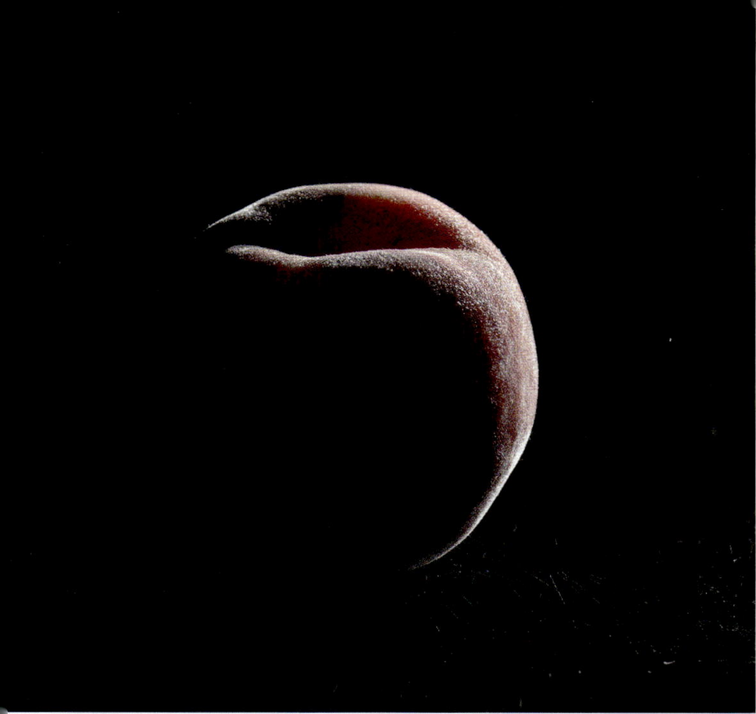

INDEX DES PRODUITS

LISTES DES RECETTES

LA TERRE 25

LA MER 93

LES DOUCEURS 155

CAPITAINE

Limdor

CAPITAINE

L'épicerie des
FRUITS & LÉGUMES

LES AUTEURS

Formé en graphisme et typographie à l'ECV de Paris, **Lucas Gurdjian** découvre la photographie lors d'un voyage en voiture de dix-huit mois reliant Paris à Bangkok. Il s'installe ensuite à Shanghai où la scène gastronomique est en pleine expansion, et saisit l'opportunité de développer son style photographique avec les chefs qui la façonnent (Paul Pairet, Mauro Colagreco, Pierre Gagnaire...).
Il restera quinze ans en Chine et Thaïlande.
Depuis 2020, c'est basé à Bordeaux qu'il poursuit son activité de photographe culinaire en France comme en Asie. Sa femme Olivia et lui ont fondé l'agence de création Studio Bleu Boucan.

Après une licence en lettres modernes à la Sorbonne, **Olivia Gurdjian** s'installe à Shanghai où elle est consultante pour le magazine *Elle Chine*, puis journaliste free-lance pour divers médias français et chinois. De retour en France en 2020, elle continue de travailler en tant que rédactrice dans les secteurs de la mode, de la culture et du cinéma, tout en collaborant avec son mari, Lucas Gurdjian. Leur agence Studio Bleu Boucan développe des projets combinant leurs expertises respectives en photographie et en écriture.

REMERCIEMENTS

Nous tenons à remercier :

nos femmes et enfants, nos familles et nos proches pour leur amour et leur soutien au quotidien ;

toutes nos équipes, et plus particulièrement David Tavernier, Romane Jumeaux et Dorian Fournier, pour leur implication et leur contribution active à la réalisation de cet ouvrage, ainsi que Momo Veroo, notre fidèle et talentueux chef, Girlin, Antho, Sagar, Loucas, Nora ;

notre équipe de salle : Cécile, Adriano, Romain Jérémy qui sont la continuité de nos mains devant nos convives ;

Hafida pour son travail au quotidien et toutes ses années de fidélité ;

Olivia Gurdjan pour sa patience, son écoute bienveillante et son écriture ;

Lucas Gurdjan pour son œil, son talent, sa bonne humeur et ses magnifiques photos ;

la maison Sturia pour son soutien sans faille depuis des années et pour ses produits extraordinaires ;

nos fournisseurs, producteurs et amis : Jacques Cocollos pour ses huîtres, les frères Marchand pour leurs fromages, Jean-Marc Montegoterro pour ses huiles et vinaigres, Guillaume Verdin de la ferme de Clavisy, Marion Ligny de la ferme de Ligny, Axel pour ses poissons et produits de la mer, Armel Dubois pour ses légumes, Mathieu Lotz pour ses herbes, Amandine et Sylvie pour leurs fleurs ;

Gilles Goujon, notre mentor, notre papa spirituel sans qui nous ne nous serions jamais rencontrés ; merci pour tout, Chef !

Serge Chenet pour tout ce qu'il nous a apporté, pour sa gentillesse et son amitié ;

Philippe Orliac de la Manufacture de Longchamp pour ses assiettes ;

nos convives qui viennent se régaler à nos tables et sans qui rien n'existerait ;

et enfin les éditions Glénat, Isabelle Fortis et Laurence Houlle, pour leur travail, leur patience et leur amour du livre comme de la gastronomie.

David Le Comte et Nicolas Isnard

Olivia et Lucas Gurdjian remercient :

Nicolas Isnard, David Le Comte et Cécile Sagory pour leur confiance et leur talent si photogénique ; merci à eux de nous avoir embarqués dans ce beau projet ;

Dorian Fournier, Romane Jumeaux, David Tavernier, Anthony Lamome, Mohamed Veroo et toute l'équipe de la Charme pour leur énergie et leur sympathie si contagieuses ;

l'équipe Sturia pour sa fidélité et son effervescence ;

Laetitia Ponthieux de la Ferme des Chênes Regniers pour sa générosité, le goût et la beauté incomparables de ses récoltes ;

Isabelle Fortis et les éditions Glénat pour leur vision, leur bienveillance et leur confiance ;

Néva et Lou pour la magie de ce qu'elles sont.